改訂版

伊東信夫 著
金子都美絵 絵

白川静文字学に学ぶ

漢字なりたちブック 2年生

太郎次郎社エディタス

この本《ほん》を読《よ》んでくれるみなさんへ

この本《ほん》は、小学校《しょうがっこう》二年生《にねんせい》でならう漢字百六十字《かんじひゃくろくじゅうじ》の、なりたちと使《つか》いかたを説明《せつめい》した本《ほん》です。

漢字《かんじ》は、いまから三千三百年《さんぜんさんびゃくねん》ほどまえに、中国語《ちゅうごくご》をあらわす文字《もじ》として生《う》まれ、以来《いらい》、ずっと生《い》きつづけてきた文字《もじ》です。なにしろ、三千年以上《さんぜんねんいじょう》も生《い》きつづけたのですから、とちゅうでその意味《いみ》をまちがって使《つか》ったこともあります。

しかし、ごく最近《さいきん》、日本《にほん》の漢字学者《かんじがくしゃ》である白川静博士《しらかわしずかはかせ》という人《ひと》が、漢字《かんじ》のもともとの意味《いみ》と、その使《つか》いかたを正確《せいかく》に説明《せつめい》することに成功《せいこう》し、それを、『字統《じとう》』『字訓《じくん》』『字通《じつう》』（平凡社《へいぼんしゃ》）という三冊《さんさつ》の漢字字典《かんじじてん》にのこしてくれました。

『漢字《かんじ》なりたちブック』は、その、白川博士《しらかわはかせ》の説明《せつめい》に学《まな》んでつくったものです。

この本《ほん》は、二年生《にねんせい》の漢字《かんじ》を、音読《おんよ》みの五十音順《ごじゅうおんじゅん》にならべてつくってあります。日本《にほん》の漢字字典《かんじじてん》は、日本語《にほんご》の五十音《ごじゅうおん》の順《じゅん》にならべたほうが使《つか》いやすいからです。これも、白川博士《しらかわはかせ》の漢字字典《かんじじてん》のつくりかたに学《まな》んだものです。

漢字《かんじ》は、その数《かず》のたいへん多《おお》い文字《もじ》です。しかし、漢字《かんじ》は、たくさんのなかまをつくっているので、とてもおもしろい文字《もじ》です。しかも、そのなかまは、漢字《かんじ》の形《かたち》を見《み》ればわかります。

たとえば、一年生《いちねんせい》でならった「木《き》」「林《はやし》」「森《もり》」。みんな「木《き》」がついているので、なかまの漢字《かんじ》だということがわかりますね。

二年生《にねんせい》の漢字《かんじ》も、さがしてみると、なかまの漢字《かんじ》が見《み》えてきますよ。

糸《いと》のなかま……絵《え》・紙《かみ》・細《ほそ-い》・線《せん》・組《く-む》

雨《あめ》のなかま……雲《くも》・雪《ゆき》・電《でん》

一年生《いちねんせい》の漢字《かんじ》のなかでは、「糸《いと》」や「雨《あめ》」はひとりぼっちでしたが、二年生《にねんせい》ではなかまができました。おもしろいですね。

この本《ほん》は、ぜひ、おとうさん、おかあさん、先生《せんせい》がたも見《み》てください。おじいさん、おばあさんも、いっしょにごらんください。

さあ、三千年《さんぜんねん》も生《い》きてきた、漢字《かんじ》の世界《せかい》へでかけましょう。

伊東信夫《いとうしのぶ》

ア

カ

サ

小学校《しょうがっこう》2年生《ねんせい》でならうかん字《じ》（160字《じ》）

引 羽 雲 園 遠 何 科 夏 家 歌 画 回

会 海 絵 外 角 楽 活 間 丸 岩 顔 汽

記 帰 弓 牛 魚 京 強 教 近 兄 形 計

元 言 原 戸 古 午 後 語 工 公 広 交

光 考 行 高 黄 合 谷 国 黒 今 才 細

作 算 止 市 矢 姉 思 紙 寺 自 時 室

社 弱 首 秋 週 春 書 少 場 色 食 心

新 親 図 数 西 声 星 晴 切 雪 船 線

前 組 走 多 太 体 台 地 池 知 茶 昼

長 鳥 朝 直 通 弟 店 点 電 刀 冬 当

東 答 頭 同 道 読 内 南 肉 馬 売 買

麦 半 番 父 風 分 聞 米 歩 母 方 北

毎 妹 万 明 鳴 毛 門 夜 野 友 用 曜

来 里 理 話

この本《ほん》の見方《みかた》

★くんよみ

★主役《しゅやく》のかん字《じ》

★おんよみ

★むかしのかん字《じ》
えのようにかいた、むかしのかん字《じ》。
えと、いまのかん字《じ》とのあいだのかたち。

★はやわかり　となえことば
なりたちをラクラク
おぼえられるよ。
こえにだしてみよう。

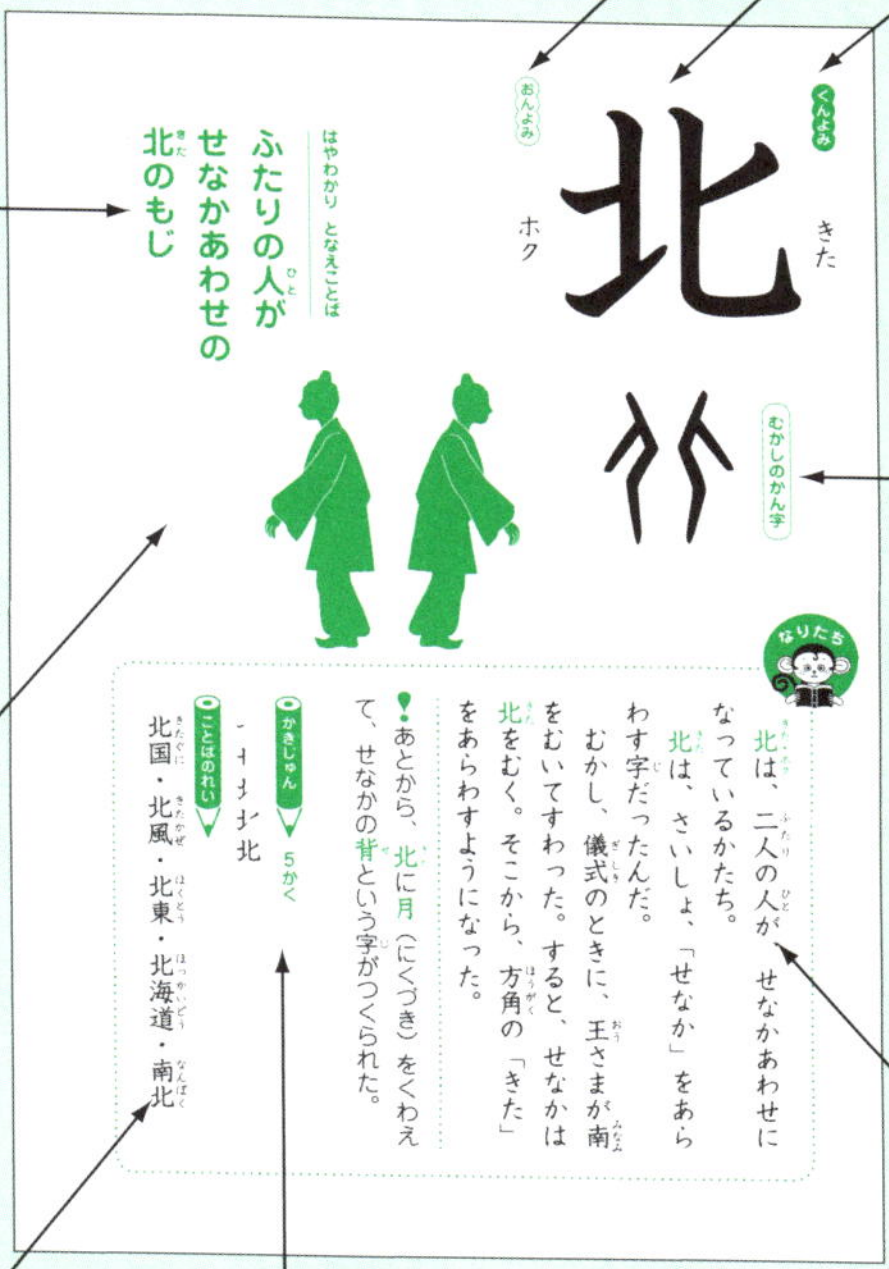

★え
かん字《じ》のもとになった、
かたちやようすを
あらわしているよ。

★なりたち
そのかん字《じ》のなりたちを
せつめいしているよ。
❗マークのところは、
つながりのある字《じ》の
せつめいや、
しっていると
やくにたつこと。

★かくすう
★かきじゅん

★ことばのれい
そのかん字《じ》が
つかわれていることば。

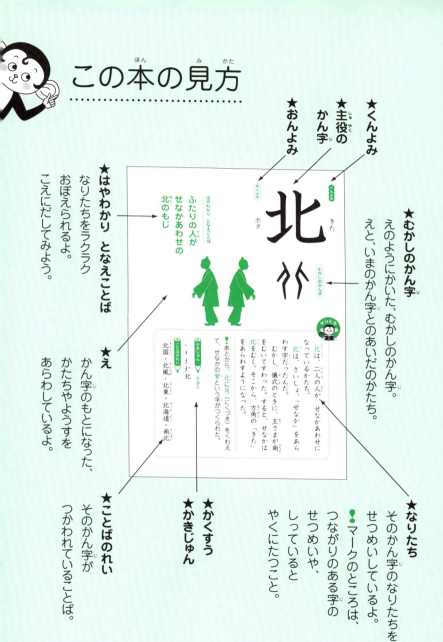

かん字《じ》とかん字《じ》があわさった！

かん字《じ》とかん字《じ》が
あわさって、
「あわせかん字《じ》」ができるよ。
むずかしそうに見《み》えるかん字《じ》も、
やさしいかん字《じ》のくみあわせで
できていることが多《おお》いんだ。
かん字《じ》を分《わ》けてみると、
知《し》ってるかたちが
見《み》つかるよ。

☆田《た》と力《ちから》（すき）で男《おとこ》

田
＋
力
↓
男 おとこ

力は、たがやすどうぐの
「すき」からできた字

☆木《き》が三《みっ》つあつまって森《もり》

木
木 木
↓
森 もり

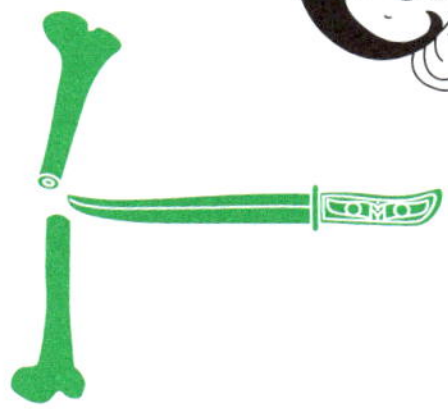

☆七《なな》（ほね）と刀《かたな》で切《き》る

七 ＋ 刀

↓

切《きーる》

☆八《はち》（わける）と刀《かたな》で分《わ》ける

八 ＋ 刀

↓

分《わーける》

☆日《ひ》（まど）と月《つき》で明《あか》るい

日 ＋ 月

↓

明《あかーるい》

日は、この字では、「まど」をあらわしている

☆日《ひ》と青《あお》で晴《は》れる

日 ＋ 青

↓

晴《はーれる》

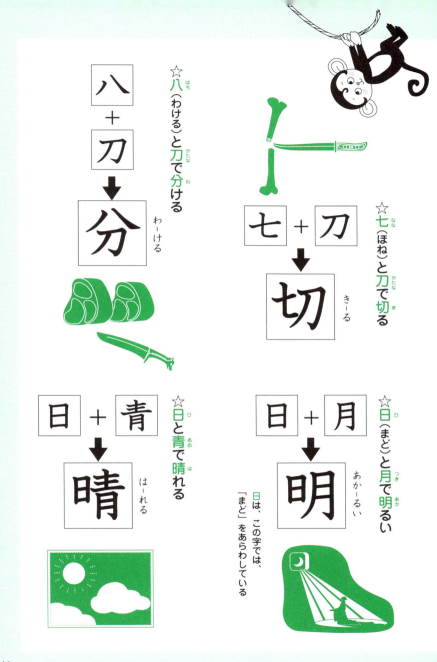

おもしろいかん字《じ》のはなし❶

ねがいをこめた𠙵《サイ》

かん字《じ》ができたころのはなし。

神《かみ》さまにねがいごとをするとき、おいのりのことばを書《か》いて、うつわに入《い》れたのだという。

口《くち》で話《はな》すかわりに、文字《もじ》にねがいをこめて、神《かみ》さまにそなえたんだ。

そのうつわが、𠙵《サイ》（口）。

𠙵《サイ》（口）のつく字《じ》には、たとえば、こんな文字《もじ》がある。

右《みぎ》、名《な》、兄《あに》、言《い》う、語《かた》る、話《はな》す、歌《うた》う、合《あ》う、知《し》る、
鳴《な》く、高《たか》い、古《ふる》い。

どの字にも、口のかたちがあるよ。

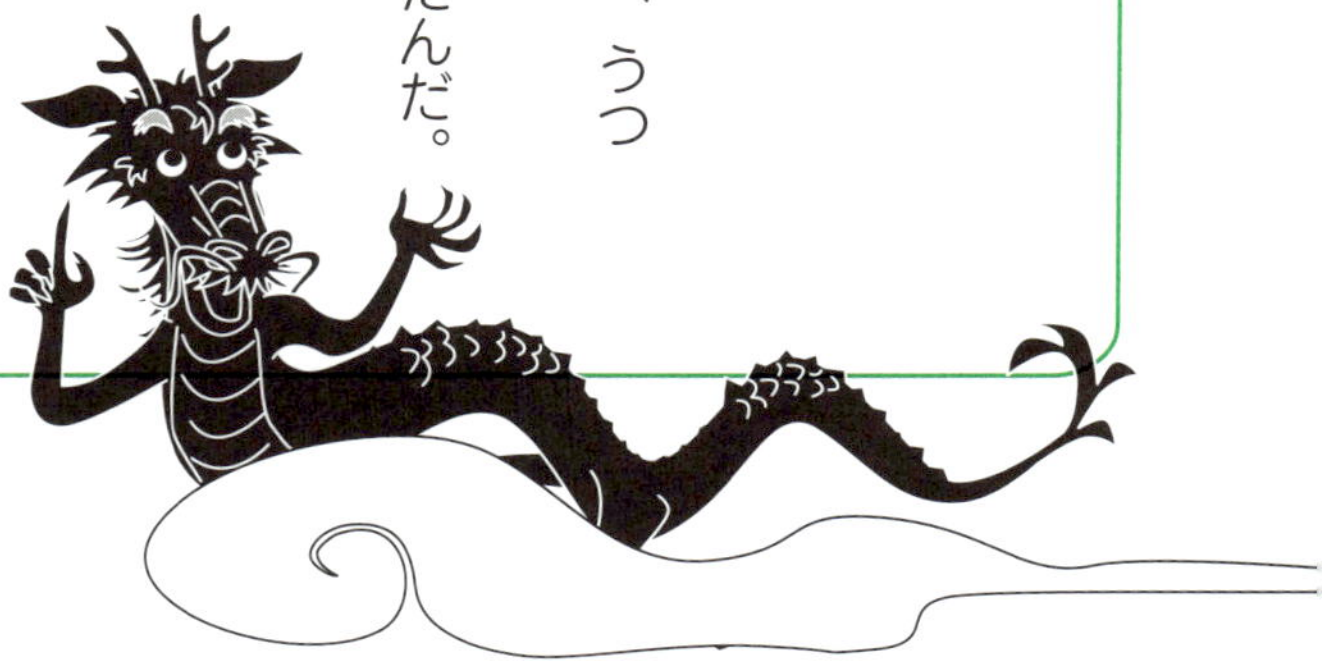

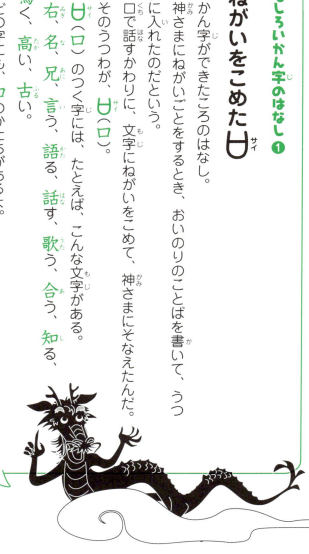

音《おん》よみが「ア行《ぎょう》」「カ行《ぎょう》」のかん字《じ》

ア

カ

くんよみ　ひーく

引

おんよみ　イン

むかしのかん字

はやわかり　となえことば

きりきりと
弓《ゆみ》　引《ひ》きしぼり
矢《や》をはなつ

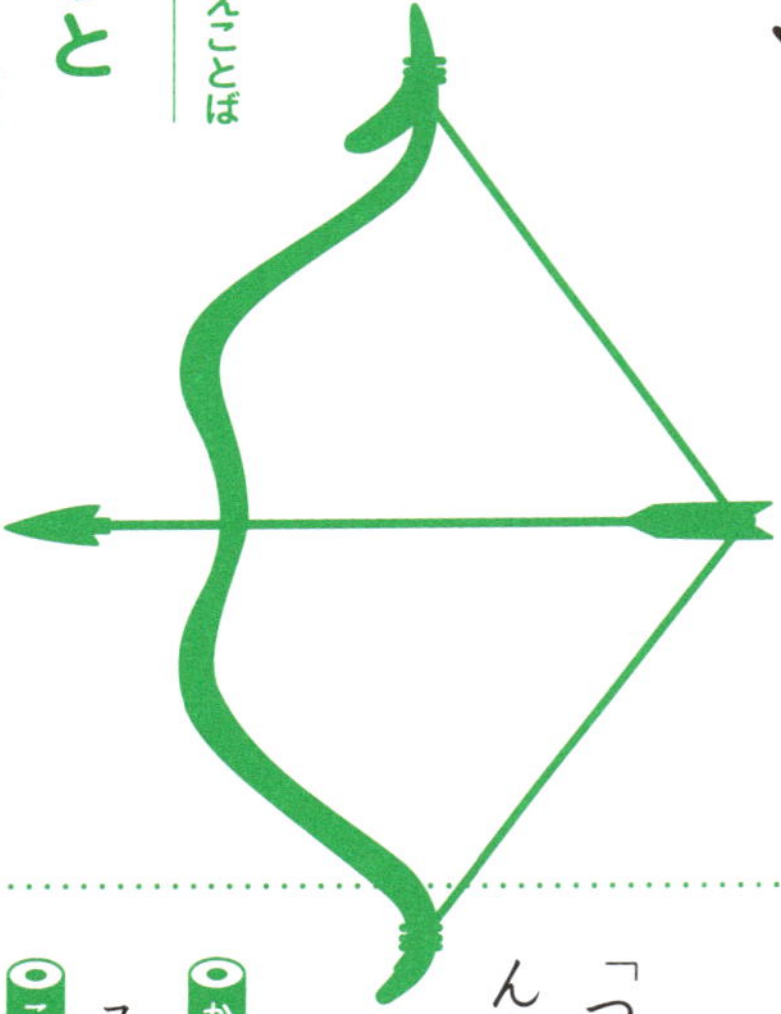

なりたち

弓《ゆみ》に矢《や》をつがえて、キリキリとひきしぼるかたちが、引《ひーく・イン》。

弓《ゆみ》と丨《（こん）》とを組《く》みあわせたかたちだよ。

丨《（こん）》は、弓《ゆみ》のつるをあらわしているらしいが、よくわかっていない。

いまでは、引《イン》は、弓《ゆみ》だけでなく、「つなを引《ひ》く」「手《て》を引《ひ》く」など、いろんなものを引《ひ》っぱるいみにつかわれる。

かきじゅん

㇕ コ 弓 引

4かく

ことばのれい

引《ひ》き算《ざん》・引《ひ》き分《わ》け・引力《いんりょく》・引火《いんか》・引退《いんたい》・吸引《きゅういん》

くんよみ はね・は

羽

おんよみ （ウ）

むかしのかん字

はやわかり となえことば

とりの羽《はね》 二《に》まい ならんで いるかたち

なりたち

羽《はね》は、鳥《とり》の「はね」を二《に》まいならべたかたちからできた字《じ》。

むかし、鳥《とり》の羽《はね》は、かざりにもつかったけれど、まじないとしてもつかわれた。羽《はね》にはわざわいをよせつけない力《ちから》があると、しんじられていたからだ。

あくまをよせつけない音《おと》をだすタイコや、敵《てき》とたたかうための武器《ぶき》にも、羽《はね》がかざりつけられたという。

かきじゅん 6かく

丁 ヲ ヨ 羽 羽 羽

ことばのれい

羽《はね》・羽音《はおと》・羽子板《はごいた》・羽《は》ばたき・羽毛《うもう》

くんよみ　くも

雲

おんよみ　ウン

むかしのかん字

（云）

はやわかり　となえことば

もともとは
雲《くも》から
りゅうが
しっぽだす
かたち

なりたち

雲《くも・ウン》の、もとの字《じ》は云《ウン》（）。竜《りゅう》が、雲《くも》からしっぽをだしているかたちだよ。古代《こだい》の中国《ちゅうごく》の人《ひと》は、雲《くも》のなかに竜《りゅう》がいると考《かんが》えたんだ。

あとになって、云《ウン》に雨（あめかんむり）をつけて、雲《くも》という字《じ》がつくられた。

かきじゅん　12かく

ことばのれい

雲行《くもゆ》き・入道雲《にゅうどうぐも》・雲海《うんかい》・暗雲《あんうん》・星雲《せいうん》

くんよみ　（その）

園

おんよみ　エン

むかしのかん字

はやわかり　となえことば

なくなった
せんぞの
おはか
園《えん》のもじ

なりたち

園《エン》は、死者《ししゃ》をまつるおはかのある場《ば》所《しょ》をあらわすかたちなんだ。袁《エン》と口（かこみ）からできている字《じ》だよ。袁《エン》（）は、死《し》んだ人《ひと》とおわかれするときのようすをあらわしている。

! 袁《エン》（）のなりたち
死《し》んだ人《ひと》のえりもとに、丸《まる》い玉《たま》をおき、まくらもとにはわらじをおいたかたち。なくなった人《ひと》が、遠《とお》くへたびだっていけるようにしたんだ。

かきじゅん　13かく

ことばのれい

花園《はなぞの》・園長《えんちょう》・公園《こうえん》・学園《がくえん》・動物園《どうぶつえん》

くんよみ
遠
とお-い

おんよみ
エン

はやわかり　となえことば

まくらもとに
わらじをそえて
遠《とお》くへししゃを
おくります

むかしのかん字

なりたち

遠《とお-い・エン》は、とおくへたびだつ死者《ししゃ》をおくることをあらわした字《じ》。

袁《エン》と辶（しんにょう）からできている字《じ》だよ。

袁《エン》は、死《し》んだ人《ひと》とおわかれするときのようすをあらわしている。

辶は、「道《みち》を行《い》く」「すすむ」といういみをあらわすかたち。

！袁《エン》（袁）のなりたちは、17ページを見《み》てね。

かきじゅん　13かく

一　十　土　圭　声　吉　壴　亨　叀　袁　逺　遠　遠

ことばのれい

遠出《とおで》・遠回《とおまわ》り・遠足《えんそく》・遠近《えんきん》・永遠《えいえん》

くんよみ　なに・なん

何

おんよみ　（カ）

むかしのかん字

はやわかり　となえことば

ものを
かつぐ人《ひと》
いまは
何《なに》に
つかわれる

なりたち

何《なに・カ》の、むかしのかん字《じ》を見《み》てごらん。なにに見《み》える？
これは、重《おも》いものをかついでいる人《ひと》のかたち。何《カ》は、「荷物《にもつ》」の荷《に・カ》の、もとの字《じ》なんだ。
それが、「なに？」のいみにつかわれるようになった。

！何《カ》に艹（くさかんむり）をつけて、「かつぐ」「になう」といういみの、荷《カ》の字《じ》ができた。

かきじゅん　7かく

ノ　亻　仁　仃　何　何　何

ことばのれい

何《なに》か・何者《なにもの》・何年生《なんねんせい》・何時《なんじ》・何本《なんぼん》

科

くんよみ

おんよみ カ

むかしのかん字

はやわかり　となえことば

おこめ（禾）を ます（斗）で はかりわける科《か》

なりたち

科《カ》は、禾《か》（イネ）と斗《と》（はかりのます）とを組《く》みあわせたかたち。お米《こめ》のようなこくもつを、大《おお》きなますではかることをあらわしている。

こくもつをはかって分《わ》けるから、「分《わ》けたもの」といういみが生《う》まれて、いまでは、「科目《かもく》」「内科《ないか》」「外科《げか》」などのことばに、科《カ》がつかわれている。

かきじゅん　9かく

ノ ニ 千 禾 禾 禾 禾 秆 科

ことばのれい

科学《かがく》・理科《りか》・科目《かもく》・教科書《きょうかしょ》

くんよみ

夏

なつ

おんよみ

カ・（ゲ）

むかしのかん字

はやわかり　となえことば

きかざって
おどる
すがたが
いつしか夏《なつ》に

なりたち

夏《なつ・カ》は、もとは、神《かみ》にささげる舞《まい》（おどり）をあらわす字《じ》だった。

むかしのかん字《じ》は、ごうかな衣装《いしょう》をつけて、そでをふり、足《あし》を上《あ》げて、おどる人《ひと》のすがただよ。

それがやがて、きせつの夏《なつ》につかわれるようになって、いまは、もとのいみにつかわれることは、ほとんどない。

かきじゅん

10かく

ことばのれい

夏草《なつくさ》・真夏《まなつ》・夏期《かき》・初夏《しょか》・夏至《げし》

くんよみ

家

いえ・や

おんよみ

カ・ケ

むかしのかん字

はやわかり　となえことば

はながきく
犬《いぬ》がまもった
りっぱな家《いえ》

なりたち

鼻《はな》のするどい犬《いぬ》が、地下《ちか》からやってくる妖怪《ようかい》をおいはらってくれると、古《こ》代《だい》の人《ひと》たちは考《かんが》えた。

それで、神聖《しんせい》なたてものをたてるときには、その場所《ばしょ》に、いけにえの犬《いぬ》をうめたのだという。

家《いえ・カ》は、いけにえの犬《いぬ》をうめてたてた、やね（宀）のあるたてもののかたち。

家《いえ》の字《じ》のなかにある豕《し》は、もともとは、犬《いぬ》だったんだよ。

かきじゅん　10かく

ことばのれい

家元《いえもと》・わが家《や》・家族《かぞく》・家庭科《かていか》・家来《けらい》

歌

くんよみ　うた・うた-う

おんよみ　カ

むかしのかん字

はやわかり　となえことば

口《くち》をあけ　ねがいをこめて　歌《うた》　うたう

なりたち

歌《うた・カ》の字《じ》を二《ふた》つに分《わ》けてみよう。欠《けつ》（あくび）は、大《おお》きく口《くち》をあけて立《た》つ人《ひと》のかたち。哥《（カ）》は、可《カ》を二《ふた》つかさねたかたちで、カーと声《こえ》をだすこと。歌《うた》は、ねがいごとがかなえられるように、神《かみ》さまにはげしく「うったえる」ことをあらわしていた。

かきじゅん　14かく

ことばのれい

歌声《うたごえ》・かえ歌《うた》・歌手《かしゅ》・校歌《こうか》・短歌《たんか》

くんよみ

画

おんよみ

ガ・カク

むかしのかん字

はやわかり　となえことば

しかくい
画《が》めんに
もようをえがく

なりたち

画《ガ・カク》のむかしのかん字《じ》を分解《ぶんかい》すれば、（ふでを手《て》にもつかたち）と、（武器《ぶき》のたて）となる。

画《ガ》は、ふでや、コンパスのようなどうぐをつかって、武器《ぶき》のたてに、うつくしく、もようをえがくことをあらわした字《じ》。

かきじゅん　8かく

ことばのれい

画用紙《がようし》・図画《ずが》・絵画《かいが》・映画《えいが》・画数《かくすう》・計画《けいかく》・区画《くかく》

くんよみ

回

まわ-る

おんよみ

カイ

むかしのかん字

はやわかり　となえことば

うずまきが　ぐるぐる回《まわ》る　めが回《まわ》る

なりたち

回《まわ-る・カイ》は、水《みず》がうずまきになって、ながれるかたちからできた。水《みず》がぐるぐるめぐることから、いろいろな、めぐるもの、まわるものにつかわれる。「回転《かいてん》」「回覧《かいらん》」などだ。それから、「一回《いっかい》」「二回《にかい》」などともつかわれる。

かきじゅん　6かく

ことばのれい

回《まわ》り道《みち》・回《まわ》し読《よ》み・回数《かいすう》・回答《かいとう》・回復《かいふく》・今回《こんかい》・次回《じかい》・毎回《まいかい》

会

くんよみ　あ－う

おんよみ　カイ

むかしのかん字

（會）

はやわかり　となえことば

なべとふた
上下《じょうげ》に
あわせた
会《かい》のもじ

なりたち

会《あーう・カイ》の、もとの字《じ》は會。

そのまたむかしのかん字《じ》は、。

お米《こめ》などをむす、こしきというむし器《き》の上《うえ》にふたをして、料理《りょうり》をしているところ。それが、会《カイ》のもとのかたち。

ふたとうつわがぴったりあっていれば、ゆげをつかって、うまく料理《りょうり》ができる。そこから、「あう」といういみにつかわれるようになった。

かきじゅん　6かく

ノ 𠆢 亼 亼 会 会

ことばのれい

出会《であ》い・会話《かいわ》・会合《かいごう》・面会《めんかい》・大会《たいかい》・社会《しゃかい》・運動会《うんどうかい》・都会《とかい》

海

くんよみ　うみ

おんよみ　カイ

むかしのかん字

はやわかり　となえことば

毎《まい》のじに
さんずい
つけて
海《うみ》になる

なりたち

海《うみ・カイ》は、氵（さんずい）と毎《マイ》からできた字《じ》。

毎《マイ》は、かみにかんざしをさして、神《かみ》につかえる女《おんな》の人《ひと》をあらわすかたち。でも、ここでは、「カイ」「マイ」という音《おん》をあらわすだけのやくめなんだ。

海《うみ》とは、もちろん、ひろびろとした大《おお》きな「うみ」のこと。

かきじゅん　9かく

、 ⺀ 氵 氵 汇 海 海 海 海

ことばのれい

海辺《うみべ》・海《うみ》の幸《さち》・海水《かいすい》・大海《たいかい》・日本海《にほんかい》

絵

くんよみ

おんよみ
カイ・エ

はやわかり　となえことば

いろとりどりの
糸《いと》で
おられた
ししゅうの絵《え》

むかしのかん字

なりたち

絵《エ・カイ》は、糸（いとへん）と会《カイ》とに分《わ》けられる字《じ》。

むかし、色《いろ》とりどりの糸《いと》をつかって、ぬのにもようをぬいつけた「ししゅう絵《え》」のことを、絵《え》といった。

それで、この字《じ》は、いとへんなんだよ。

会《カイ》は、なべとふたをあわせたかたち。いろいろな糸《いと》を「あわせた」ということだね。

かきじゅん

12かく

ことばのれい

絵画《かいが》・絵本《えほん》・絵文字《えもじ》・絵《え》の具《ぐ》・油絵《あぶらえ》

くんよみ

そと・ほか
はず－す

おんよみ

ガイ・（ゲ）

外

むかしのかん字

はやわかり　となえことば

うらないの
もじは
こうらの
外《そと》がわに

なりたち

外《そと・ガイ》の字《じ》にある夕《ゆう》は、肉《にく》（月）のかんたんなかたち。それと、うらないをあらわすト《ボク》とをあわせて、外《そと》。

かん字《じ》ができた時代《じだい》、カメのこうらに、うらないの文字《もじ》をきざんだ。肉《にく》をはずして、こうらだけをつかったんだ。

こうらは、カメのからだの外《そと》がわにある。そこから、やがて「そと」といういみにつかわれるようになった。

かきじゅん　5かく

ノ　ク　タ　夘　外

ことばのれい

外側《そとがわ》・外出《がいしゅつ》・外見《がいけん》・海外《かいがい》・以外《いがい》・除外《じょがい》・外科《げか》

くんよみ

つの・かど

角

おんよみ

カク

むかしのかん字

はやわかり となえことば

するどく
とがる
かたい角《つの》

なりたち

角《つの・カク》は、けものの「つの」のかたちからできた字《じ》。
けものの角《つの》は、人間《にんげん》にとって、だいじなもので、神《かみ》をまつるどうぐなどにつかわれた。

かきじゅん 7かく

ことばのれい

角笛《つのぶえ》・曲《ま》がり角《かど》・角度《かくど》・三角形《さんかくけい》・方角《ほうがく》・頭角《とうかく》

くんよみ たのーしい

楽

おんよみ ガク・ラク

むかしのかん字

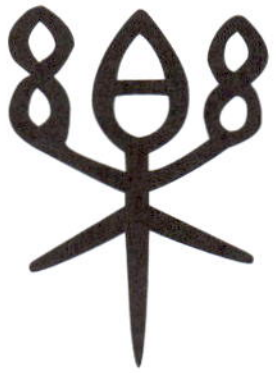

はやわかり となえことば

かみさまも 楽《たの》しくなるよ すずのねだ

なりたち

楽《たのーしい・ガク》は、手《て》にもって、シャラン、シャランとふってならす、すずのかたちからできた字《じ》。

おおむかし、神《かみ》をよび、神《かみ》を楽《たの》しませるための楽器《がっき》として、すずがつかわれた。

また、病気《びょうき》をなおすためのおいのりにも、このすずがつかわれたんだ。

かきじゅん 13かく

ことばのれい

楽器《がっき》・音楽《おんがく》・楽勝《らくしょう》・気楽《きらく》・千秋楽《せんしゅうらく》

くんよみ

活

（い-かす）

おんよみ

カツ

むかしのかん字

はやわかり　となえことば

活《かつ》のじは
カツカツついて
みずにながして
まじないをとく

なりたち

活《カツ》には、「いかす」といういみがある。そのなりたちは、敵《てき》ののろいをとく、まじないだ。

活《カツ》の字《じ》のなかにある、舌《（カツ）》を見《み》てみよう。むかしのかたちは𠯑で、氏《し》＋口《くち》（うつわの𠙵《サイ》）。氏《し》はナイフ。𠙵《サイ》にナイフをさして、のろいをとくかたちだよ。

さんずいのついた活《カツ》は、そうやって敵《てき》ののろいをといて、水《みず》にながせば、自分《じぶん》たちが生《い》きられる、ということをあらわしている。

かきじゅん　9かく

丶 冫 氵 氵 汇 汗 汘 活 活

ことばのれい

活気《かっき》・活動《かつどう》・活発《かっぱつ》・活火山《かっかざん》・生活《せいかつ》

間

くんよみ　あいだ・ま

おんよみ　カン・ケン

むかしのかん字

はやわかり　となえことば

そとと　なかとの　間《あいだ》の門《もん》に　にくを　そなえる

なりたち

間《あいだ・カン》は、もともとは、閒とかいた。門《もん》と月《つき》だったんだ。

この月《つき》は、肉《にく》をあらわしている。月《つき》や夕《ゆう》のかたちは、肉《にく》をあらわすことがあるよ。

おおむかし、先祖《せんぞ》をまつるたてものの門《もん》に、肉《にく》（月）をそなえておまいりをした。

間《カン》は、その儀式《ぎしき》からできた字《じ》。

かきじゅん　12かく

ことばのれい

間柄《あいだがら》・仲間《なかま》・広間《ひろま》・すき間《ま》・時間《じかん》・空間《くうかん》・世間《せけん》・人間《にんげん》

くんよみ まる・まる-い

丸

おんよみ ガン

むかしのかん字

はやわかり となえことば

丸《まる》いたま
ゆみでとおくへ
はじいてとばす

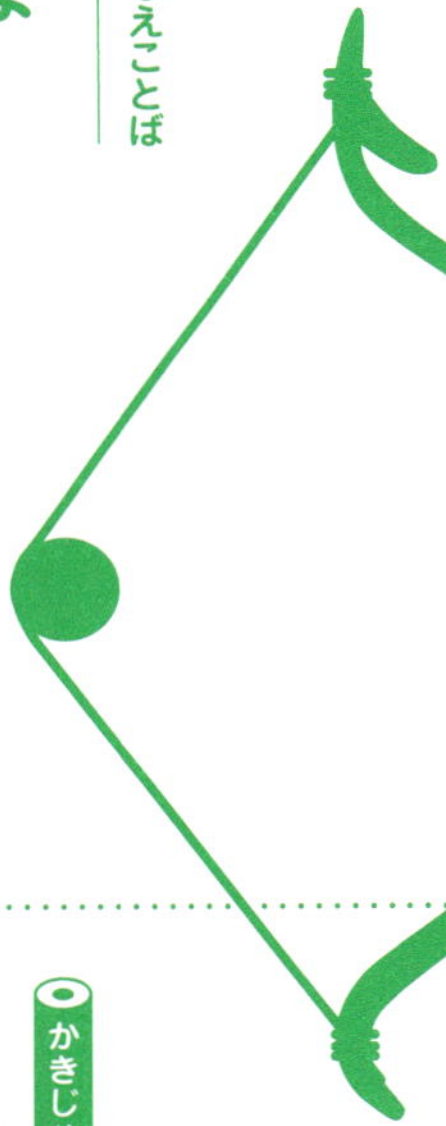

なりたち

丸《まる・ガン》の、むかしのかん字《じ》を見《み》てごらん。これは、丸《まる》いたまを、弓《ゆみ》ではじきとばそうとしているところ。とばすのが丸《まる》いたまだから、丸《まる》いものをあらわし、やがて、いろいろなものが「まるい」といういみにつかわれるようになった。

かきじゅん

ノ九丸

3かく

ことばのれい

丸顔《まるがお》・丸太《まるた》・丸《まる》ごと・丸薬《がんやく》・一丸《いちがん》

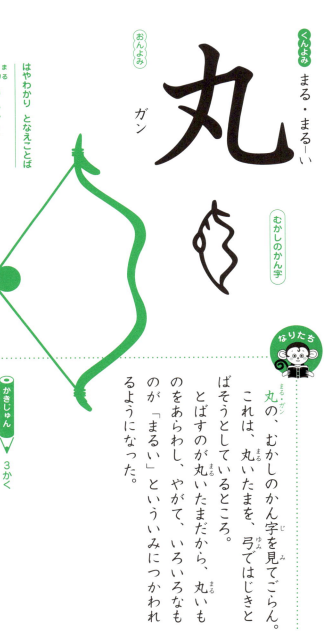

くんよみ いわ

岩

おんよみ ガン

むかしのかん字

はやわかり　となえことば

山《やま》のうえ
ごろん、ごろんと
つみかさなる岩《いわ》

なりたち

岩《いわ・ガン》の、もとの字《じ》は嵒。
山《やま》の上《うえ》に、口《くち》が三《みっ》つあるね。
山《やま》の上《うえ》に、岩石《がんせき》がごろごろとあるよ
うすをあらわしている。

かきじゅん　8かく

ことばのれい

岩山《いわやま》・岩場《いわば》・岩石《がんせき》・岩塩《がんえん》・石灰岩《せっかいがん》

くんよみ かお

顔

おんよみ ガン

むかしのかん字

はやわかり となえことば

せいじんしき おでこに しるしをつけた顔《かお》

なりたち

顔《かお・ガン》は、人の「かお」をあらわした字《じ》。どんなときの顔《かお》かというと、成人式《せいじんしき》の男子《だんし》の顔《かお》つきなんだ。おでこにまよけのしるしをつけた、はれやかな顔《かお》。

むかしのかん字《じ》を見《み》てごらん。左《ひだり》がわの上《うえ》の✕が、まよけのしるしで、彡は、そのもようがうつくしいことをあらわしている。頁（おおがい）は、人《ひと》のからだをあらわすしるし。

かきじゅん 18かく

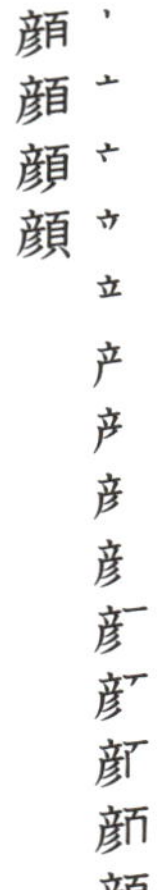

ことばのれい

顔色《かおいろ》・笑顔《えがお》・似顔絵《にがおえ》・顔面《がんめん》・顔料《がんりょう》

汽

くんよみ

おんよみ　キ

むかしのかん字

はやわかり　となえことば

さんずいつけて　じょうきで　うごく　汽車《きしゃ》の汽《き》だ

なりたち

汽《キ》は、水面《すいめん》からもやもやとたちのぼる、水蒸気《すいじょうき》をあらわした字《じ》。气（キ）のかたちは、ゆげや、きりや、雲《くも》が、ながれるようすをあらわすよ。

！気《き》（氣）は、ごはんをたくときのゆげをあらわしている。

かきじゅん　7かく

丶 冫 氵 氵 汇 汽 汽

ことばのれい

汽車《きしゃ》・汽船《きせん》・汽笛《きてき》

くんよみ

記

しる－す

おんよみ

キ

はやわかり　となえことば

糸《いと》をきちんと
まくように
ことばを
かいて
記《き》ろくする

むかしのかん字

なりたち

記《しる－す・キ》は、言《げん》（ごんべん）と己《キ》からできている字《じ》。

己《キ》は、糸《いと》まきのかたち。

それに言《げん》（ごんべん）がついた記《キ》は、糸《いと》をきちんとまきとるように、ことばをかきとめて、記録《きろく》じょよく、することをあらわした字《じ》。

かきじゅん　10かく

丶 亠 亠 亠 言 言 言 訁 訂 記

ことばのれい

記入《きにゅう》・記者《きしゃ》・日記《にっき》・記録《きろく》・記号《きごう》

くんよみ かえ-る

おんよみ キ

帰

むかしのかん字

歸

（歸）

はやわかり　となえことば

いくさから
ぶじに
帰《かえ》って
みやまいり

なりたち

古代《こだい》の軍隊《ぐんたい》は、戦争《せんそう》のときも、祖先《そせん》をまつりながらたたかった。そのとき、ほした肉《にく》をそなえた。

いくさからぶじに帰《かえ》ると、それを祖《そ》先《せん》に報告《ほうこく》する儀式《ぎしき》をした。そのとき、また、その肉《にく》をそなえた。

それをあらわしたのが、帰《かえ-る・キ》という字《じ》だよ。もともとのかたちは歸。𠂤のぶぶんが、肉《にく》をあらわしている。

かきじゅん

10かく

ことばのれい

帰《かえ》り道《みち》・日帰《ひがえ》り・帰国《きこく》・帰省《きせい》・復帰《ふっき》

くんよみ　ゆみ

弓

おんよみ　（キュウ）

むかしのかん字

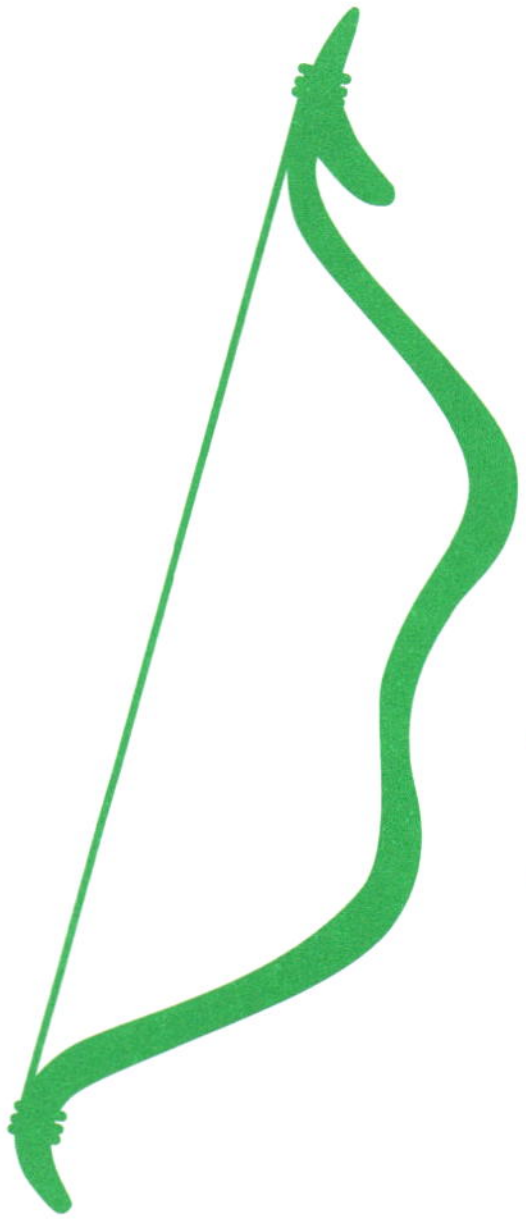

はやわかり　となえことば

つよい木《き》に　ぴんと　つるはり　ぶきの弓《ゆみ》

なりたち

弓《ゆみ》は、矢《や》をいる「ゆみ」のかたちからできた字《じ》。かん字《じ》ができたころ、弓《ゆみ》は、武器《ぶき》としてもつかわれたけれど、悪霊《あくりょう》などをはらうための、まじないのどうぐにもつかわれたんだ。

かきじゅん

㇆ コ 弓

3かく

ことばのれい

弓矢《ゆみや》・弓《ゆみ》なり・弓形《ゆみがた》・弓道《きゅうどう》

牛

くんよみ　うし

おんよみ　ギュウ

はやわかり　となえことば

つよそうな　つのを　あたまにのせた牛《うし》

むかしのかん字

なりたち

牛《うし・ギュウ》は、りっぱな角《つの》のある「うし」のあたまをえがいたかたち。牛《うし》（）も、羊《ひつじ》（）も、うつくしい角《つの》をかきあらわした字《じ》だ。

かきじゅん

ノ　𠂉　⺧　牛

4かく

ことばのれい

子牛《こうし》・牛飼《うしか》い・牛肉《ぎゅうにく》・牛乳《ぎゅうにゅう》・水牛《すいぎゅう》

くんよみ　さかな・うお

魚

おんよみ　ギョ

むかしのかん字

はやわかり　となえことば

水《みず》のなか
ひれや
うろこの
ある魚《さかな》

なりたち

魚《さかな・ギョ》は、「さかな」のすがたをえがいた字《じ》。
むかしのかん字《じ》を見《み》てごらん。ひれやおびれ、うろこがあって、水《みず》のなかをすいすいとおよぎまわる魚《さかな》だと、すぐにわかるね。

かきじゅん　11かく

ことばのれい

魚屋《さかなや》・魚《さかな》つり・魚市場《うおいちば》・金魚《きんぎょ》・人魚《にんぎょ》

くんよみ

京

おんよみ　キョウ・（ケイ）

はやわかり　となえことば

門《もん》のうえ
やぐらを
たてた
みやこの京《きょう》

むかしのかん字

なりたち

京《キョウ》は、都《みやこ》の城門《じょうもん》のかたちからできた字《じ》。
まるいアーチ形《がた》の門《もん》があって、上《うえ》には、高《たか》いたてものがある。
むかしの都《みやこ》は、城《じょう》へきでかこまれた都市《とし》だった。

！むかしのかん字《じ》をくらべてみよう。

京《キョウ》

高《たか-い・コウ》

（高《たか-い》のなりたちは、65ページに）

かきじゅん　8かく

丶 亠 亠 古 古 亨 亨 京

ことばのれい

京都《きょうと》・東京《とうきょう》・上京《じょうきょう》・帰京《ききょう》・京浜《けいひん》

くんよみ　つよーい

強

おんよみ　キョウ・(ゴウ)

むかしのかん字

はやわかり　となえことば

虫《むし》から
とった
いとをつかった
強《つよ》い弓《ゆみ》

なりたち

強《つよーい・キョウ》は、弘《コウ》と虫《むし》とを組《く》みあわせたかたち。

弘《コウ》は弓《ゆみ》をあらわし、虫《むし》は、その弓《ゆみ》のつるが、てぐすという、虫《むし》からとった糸《いと》でできていることをあらわしている。

てぐす糸《いと》は、とてもじょうぶだから、それをよりあわせて弓《ゆみ》のつるにすれば、強《つよ》い弓《ゆみ》になる。そこから、強《キョウ》の字《じ》はできたんだ。

かきじゅん　11かく

フ コ 弓 弘 弘 弘 弨 弨 強 強 強

ことばのれい

強気《つよき》・強火《つよび》・強力《きょうりょく》・勉強《べんきょう》・強引《ごういん》

くんよみ
おし-える
おそ-わる

教

おんよみ
キョウ

むかしのかん字

はやわかり　となえことば

ちょうろうが子《こ》どもを教《おし》えているところ

なりたち

むかしの中国《ちゅうごく》では、わかものを教育《きょういく》するのは、長老《ちょうろう》のしごとだった。教《おし-える・キョウ》は、それをあらわす字《じ》だよ。むかしのかん字《じ》を見《み》てみよう。

は、校舎《こうしゃ》のしるし。　は子《こ》で、わかものたちをあらわしている。　はむちづくり（ぼくにょう）で、ここでは、教育《きょういく》することのしるし。

かきじゅん　11かく

一 十 土 耂 耂 孝 孝 孝 教 教

ことばのれい

教室《きょうしつ》・教科書《きょうかしょ》・教育《きょういく》・教会《きょうかい》・仏教《ぶっきょう》

くんよみ
近
ちか-い

おんよみ
キン

むかしのかん字

はやわかり　となえことば

近《ちか》くまで　みちを　あるいて　でかけます

なりたち

近《ちか-い・キン》は、家《いえ》の近所《きんじょ》や、「ちかく」をあらわす字《じ》だね。

斤《キン》は、まさかり（おの）のかたちだけど、この字《じ》では、「キン」という音《おん》をあらわすやくめ。

辶（しんにょう）は、「行《い》くこと」「すすむこと」をあらわしている。

近所《きんじょ》に行《い》くことをあらわしたのが、近《ちか-い》の字《じ》だ。

かきじゅん

ノ 厂 𠂆 斤 斤 斤 近

7かく

ことばのれい

近道《ちかみち》・間近《まぢか》・近所《きんじょ》・近日《きんじつ》・遠近《えんきん》・最近《さいきん》・親近《しんきん》

くんよみ

兄

あに

おんよみ キョウ・(ケイ)

はやわかり となえことば

うつわを
ささげて
よこむく
すがた
兄《あに》のもじ

むかしのかん字

なりたち

兄《あに・キョウ》は、いのりのことばを入《い》れたうつわ（𠙵《サイ》）をささげている、人《ひと》のかたち。家族《かぞく》のなかで、祖先《そせん》をまつるやくめの人《ひと》をあらわしているよ。いちばん上《うえ》のにいさんが、そのやくめにつくことが多《おお》かったので、「あに」のいみにつかわれるようになった。

かきじゅん

丨 口 口 尸 兄

5かく

ことばのれい

兄貴《あにき》・兄弟子《あにでし》・兄弟《きょうだい》・父兄《ふけい》・兄《にい》さん

形

くんよみ　かたち・かた

おんよみ　ケイ・ギョウ

むかしのかん字　形

はやわかり　となえことば

しあがった
ものの形《かたち》の
うつくしさ

なりたち

形《かたち・ケイ》の字《じ》のなかにある彡（さんづくり）は、色《いろ》やかたちのうつくしさをあらわすしるしなんだ。

开は、いものの型《かた》わくからできたかたち。

金属《きんぞく》をとかしてつくる、いものの、そのかたちがうつくしいこと。それをあらわしたのが、形《かたち》の字《じ》だ。

かきじゅん　7かく

一　二　チ　开　开　形　形

ことばのれい

形見《かたみ》・手形《てがた》・花形《はながた》・形式《けいしき》・形状《けいじょう》・図形《ずけい》・地形《ちけい》・人形《にんぎょう》

くんよみ はか-る

おんよみ ケイ

計

むかしのかん字

はやわかり となえことば

ごんべんに
十《じゅう》をかいて
計算《けいさん》の計《けい》

なりたち

計《はか-る・ケイ》は、一年間《いちねんかん》のお金《かね》の出《だ》し入《い》れを、年末《ねんまつ》にまとめて計算《けいさん》する、といういみにつかわれる字《じ》だった。

十《じゅう》は、ここでは、「ものをまとめる」といういみをあらわしている。

計《ケイ》は、「ぜんたいをまとめる」「はかる」「かぞえる」といういみにつかわれる。

かきじゅん 9かく

、 亠 亠 亖 言 言 言 訁 計

ことばのれい

計算《けいさん》・計画《けいかく》・合計《ごうけい》・会計《かいけい》・体温計《たいおんけい》

くんよみ もと

元

おんよみ ゲン・ガン

むかしのかん字

はやわかり　となえことば

おおもとの　くびは　ここだと　さししめす元《げん》

なりたち

おどろくかもしれないけれど、「元《げん》気《き》」や「元旦《がんたん》」の元《ゲン・ガン》は、人《ひと》の首《くび》をあらわした字《じ》なんだ。

よこから見《み》た人《ひと》の、首《くび》のところを大《おお》きくかいて、「首《くび》はここだよ」と、さししめしているかたち。

首《くび》は、人《ひと》の体《からだ》のとてもたいせつなところだから、元《もと・ゲン》は、「もともと」とか、「はじめの」といったいみのことばにつかわれる。

かきじゅん　4かく

一　二　テ　元

ことばのれい

元《もと》どおり・地元《じもと》・身元《みもと》・元首《げんしゅ》・次元《じげん》・元祖《がんそ》

くんよみ　いーう・こと

言

おんよみ　ゲン・ゴン

むかしのかん字

はやわかり　となえことば

かみさまの
まえで
ちかって
ものを言《い》う

なりたち

言《いーう・ゲン》の、むかしのかん字《じ》を見《み》てごらん。神《かみ》へのいのりのことばを入《い》れるうつわ（𠙵《サイ》）の上《うえ》に、はり（辛）をかいたかたちなんだ。

「神《かみ》さまとのやくそくをやぶったら、はりで、刑罰《けいばつ》（おしおき）をうけてもかまわない」と言《い》って、ちかうことばをあらわしている。

「うそついたら、はり千本《せんぼん》のーます」ということだね。

かきじゅん　7かく

丶 亠 亠 亠 言 言 言

ことばのれい

言《い》い分《ぶん》・言《い》いつたえ・言葉《ことば》・小言《こごと》・言語《げんご》・発言《はつげん》・伝言《でんごん》・無言《むごん》

くんよみ　はら

原

おんよみ　ゲン

むかしのかん字

はやわかり　となえことば

水《みず》がわく
みなもとのかたちが
原《はら》のもじ

なりたち

原《はら・ゲン》のなりたちは、がけ（厂）から水《みず》がながれでるかたち。

そのながれでる水《みず》を、水源《すいげん》といったり、泉《いずみ》といったりする。

やがて原《ゲン》は、野原《のはら》をあらわす字《じ》につかわれるようになったが、ものごとのはじまりや、「おおもと」といういみにもつかわれる。

かきじゅん　10かく

一 厂 厂 厂 厂 厂 盾 厚 原 原

ことばのれい

野原《のはら》・川原《かわら》・原《はら》っぱ・原作《げんさく》・原料《げんりょう》・原因《げんいん》・高原《こうげん》

戸

くんよみ　と

おんよみ　コ

むかしのかん字

はやわかり　となえことば

門《もん》のとびら
かたほうだけの
戸《と》のかたち

なりたち

むかしのかん字《じ》を見《み》れば、戸《と・コ》は、まさに、門《もん》のとびらのかたほうからできた字《じ》だとわかる。

戸《と》は、かたほうのとびらのかたちで、門《もん》は、両方《りょうほう》のとびらのあるかたち。

❗むかしのかん字《じ》をくらべてみよう。

戸《と》

門《もん》

（門《もん》のなりたちは、174ページに）

かきじゅん

一　㇕　ヨ　戸

4かく

ことばのれい

戸口《とぐち》・戸《と》じまり・井戸《いど》・雨戸《あまど》・戸外《こがい》・戸籍《こせき》・戸数《こすう》

古

くんよみ ふる-い

おんよみ コ

むかしのかん字

はやわかり　となえことば

古《ふる》くから
𠙵《サイ》をまもっているかたち

なりたち

古《ふるーい・コ》は、十《じゅう》と口《くち》とを組《く》みあわせたかたち。

むかしのかん字《じ》では、中と𠙵《サイ》。いのりのことばを入《い》れたうつわの𠙵《サイ》を、武器《ぶき》のたて（中）でまもっているかたちなんだ。

いのりのききめが、長《なが》いあいだ、固《かた》くまもられることをあらわしている。そこから、「ふるくからのもの」「ふるい」といういみが生《う》まれた。

かきじゅん　5かく

一 十 十 古 古

ことばのれい

古本《ふるほん》・古着《ふるぎ》・古代《こだい》・古典《こてん》・中古《ちゅうこ》

くんよみ

午（うま）

おんよみ

ゴ

むかしのかん字

はやわかり となえことば

おもちつく きねのかたちの 午前《ごぜん》の午《ご》

なりたち

午《ご》は、きね（おもちをつくどうぐ）のかたちからできた字《じ》。

それが、なぜ、「午前《ごぜん》・午後《ごご》」の午《ご》となったのだろう。

「うし年《どし》」とか「とり年《どし》」とかいうけれど、むかし、一日《いちにち》の時間《じかん》も、その十《じゅう》二支《にし》というものであらわした。

午《ご》は「うまの刻《こく》」で、正午《しょうご》のことだった。正午《しょうご》より前《まえ》だから「午前《ごぜん》」、後《あと》だから「午後《ごご》」なんだね。

かきじゅん

ノ 𠂉 𠂉 午

4かく

ことばのれい

午前《ごぜん》・午後《ごご》・正午《しょうご》

くんよみ
うし-ろ・あと
のち・(おく-れる)

後

おんよみ
ゴ・コウ

はやわかり　となえことば

みち(彳)に
いと(幺)で
てきを
後《うし》ろに
しりぞける

むかしのかん字

なりたち

後《うしーろ・ゴ》は、彳《ぎょうにんべん》(みち)と、幺(いとたば)と、夊(うしろむきの足《あし》)に分《わ》けられるよ。

敵《てき》が後《うし》ろへしりぞくようにと、道《みち》に糸《いと》たばをおくまじないをあらわした字《じ》だ。糸《いと》たばは、まじないのどうぐとしてもつかわれた。

しりぞく(後《うし》ろへさがる)ことから、「うしろ」「あと」などのいみにつかわれるようになった。

かきじゅん　9かく

ことばのれい

後《うし》ろ向《む》き・後味《あとあじ》・後回《あとまわ》し・後《のち》ほど・最後《さいご》・前後《ぜんご》・食後《しょくご》・後半《こうはん》・後世《こうせい》

くんよみ かた-る

おんよみ ゴ

語

むかしのかん字

はやわかり　となえことば

ふたをして
いのりの
ことばを
まもった語《ご》

なりたち

語《かた-る・ゴ》は、かたくまもられた、いのりのことばをあらわした字《じ》。吾《ゴ》は、いのりのことばを入《い》れた口《サイ》を、がんじょうなふた（⊠）をおいてまもっているかたち。

それに言（ごんべん）をつけたのが、語《ゴ》だ。

かきじゅん

14かく

、 亠 亠 亠 言 言 言 訁 訂 訂 語 語 語 語

ことばのれい

語《かた》り手《て》・物語《ものがたり》・語学《ごがく》・言語《げんご》・単語《たんご》・日本語《にほんご》・落語《らくご》

くんよみ

工

おんよみ

コウ・ク

むかしのかん字

工

はやわかり　となえことば

ものをつくる
どうぐを
あらわす
工《こう》のもじ

なりたち

工《コウ》は、ものをつくるための、どうぐのかたちからできた字《じ》。それを「工《こう》具《ぐ》」というよ。
ものをつくるどうぐは、だいじなものだから、おいのりやまじないのどうぐにもつかわれた。

！左《ひだり》や式《しき》の字《じ》のなかにある工《コウ》は、おいのりのどうぐ。

かきじゅん

一　丅　工

3かく

ことばのれい

工作《こうさく》・工場《こうじょう》・工事《こうじ》・図工《ずこう》・人工《じんこう》・工夫《くふう》・細工《さいく》・大工《だいく》

くんよみ

公

（おおやけ）

おんよみ

コウ

むかしのかん字

はやわかり　となえことば

とくべつな　ぎしきの　ばしょが　公《こう》のじだ

なりたち

公《コウ》は、へいやかべにかこまれた、宮《きゅう》殿《でん》のまえの庭《にわ》をあらわした字《じ》。

その庭《にわ》は、儀式《ぎしき》や行事《ぎょうじ》がおこなわれるところで、そうした場所《ばしょ》を公《コウ》といった。

庭《にわ》（広場《ひろば》）をあらわす口のかたちが、あとから厶にかわったんだ。

かきじゅん

ノ　八　公　公

4かく

ことばのれい

公立《こうりつ》・公園《こうえん》・公開《こうかい》・公平《こうへい》・主人公《しゅじんこう》

くんよみ ひろ-い

広

おんよみ コウ

むかしのかん字

（廣）

はやわかり となえことば

かべのない 広《ひろ》びろとした たてものの広《こう》

なりたち

広《ひろ-い・コウ》の、もとの字《じ》は廣。公園《こうえん》などにあるあずまやのように、かべのないたてもののこと。
やがて、いろいろなものが「ひろく、おおきい」といういみにつかわれるようになった。
广（まだれ）はたてものをあらわすしるしで、黄《コウ》（黄）は音《おん》をあらわすぶぶん。

かきじゅん 5かく

丶亠广広広

ことばのれい

広場《ひろば》・広間《ひろま》・広告《こうこく》・広野《こうや》・広大《こうだい》

交

くんよみ

まじ-わる・ま-じる（か-わす）

おんよみ

コウ

むかしのかん字

はやわかり　となえことば

りょうあしを
交《まじ》えたすがたの
交《こう》のもじ

なりたち

交《まじ-わる・コウ》は、人《ひと》が立《た》って、足《あし》を交差《こうさ》させているすがたからできた字《じ》。そこから、「まじわる」といういみにつかわれるようになった。

かきじゅん　6かく

丶 亠 亣 六 交

ことばのれい

交《ま》じり気《け》・交通《こうつう》・交代《こうたい》・交差点《こうさてん》・交番《こうばん》・外交《がいこう》・親交《しんこう》

光

くんよみ　ひかり　ひか-る

おんよみ　コウ

むかしのかん字

はやわかり　となえことば

せいかをかかげて　まもるすがたの　光《ひかり》だよ

なりたち

光《ひかり・コウ》は、聖火《せいか》をささげもつ人《ひと》のすがたからできた字《じ》。火《ひ》には、邪悪《じゃあく》なものをやきはらい、きよめる力《ちから》があるとされていた。その、たいせつな火《ひ》をとりあつかい、まもる人《ひと》をあらわしたのが、光《ひかり・コウ》の字《じ》だ。

かきじゅん　6かく

丨 ⺍ ⺌ 业 𫩏 光

ことばのれい

稲光《いなびかり》・日光《にっこう》・月光《げっこう》・光線《こうせん》・光景《こうけい》・栄光《えいこう》

くんよみ　かんが－える

考

おんよみ　コウ

むかしのかん字

はやわかり　となえことば

おとしより　ちえを　しぼって　考《かんが》える

なりたち

考《かんが－える・コウ》の、むかしのかん字《じ》をよく見《み》てごらん。

上《うえ》のほうの（耂・おいかんむり）は、かみの毛《け》の長《なが》い長老《ちょうろう》（おとしより）をあらわしている。

丂《(こう)》（丂）は、「コウ」という音《おん》をあらわすぶぶん。

考《コウ》は、さいしょ、なくなった先祖《せんぞ》のおじいさんをあらわす字《じ》だった。

かきじゅん

一　十　土　耂　耂　考　6かく

ことばのれい

考案《こうあん》・考古学《こうこがく》・思考《しこう》・参考《さんこう》・選考《せんこう》

行

くんよみ
い-く・ゆ-く
おこな-う

おんよみ
コウ・ギョウ

はやわかり　となえことば

よつかどが すがたをかえた 行《こう》のもじ

むかしのかん字

なりたち

行《いーく・コウ》は、大《おお》きな十字路《じゅうじろ》のかたちからできた字《じ》。人《ひと》が行《い》きかうところだね。だから行《コウ》は、「いく・ゆく」といういみにつかわれる。

❗左《ひだり》がわの彳（ぎょうにんべん）は、「みち」のいみにつかわれ、後《うし》ろ、待《ま》つ、往《おう》復《ふく》（行《い》って帰《かえ》ること）など、多《おお》くの字《じ》をつくるよ。

かきじゅん　6かく

ノ　ク　彳　彳一　彳二　行

ことばのれい

行《い(ゆ)》き帰《かえ》り・先行《さきゆ》き・行動《こうどう》・行進《こうしん》・旅行《りょこう》・銀行《ぎんこう》・急行《きゅうこう》・行事《ぎょうじ》・行列《ぎょうれつ》

くんよみ　たか-い

高

おんよみ　コウ

むかしのかん字

はやわかり　となえことば

門《もん》のうえ　高《たか》く　そびえて　たっている

なりたち

古代《こだい》から、中国《ちゅうごく》の都市《とし》は、がんじょうな城《じょう》へきにかこまれていた。そして、そこにアーチ形《がた》の門《もん》をつくり、門《もん》の上《うえ》には高《たか》いたてものをたてて、神《かみ》をまつった。

その高《たか》いたてものをあらわしたのが、高《たかーい・コウ》という字《じ》。京《キョウ》に𠙵《サイ》をくわえたかたちだよ。

（京《キョウ》のなりたちは、43ページを見《み》てね。）

かきじゅん

10かく

ことばのれい

高台《たかだい》・高波《たかなみ》・声高《こわだか》・高山《こうざん》・高価《こうか》・高温《こうおん》・高級《こうきゅう》・最高《さいこう》

くんよみ
き・（こ）

黄

おんよみ
オウ・（コウ）

むかしのかん字

はやわかり　となえことば

きらきら 光《ひか》るものから できた 黄色《きいろ》の黄《き》

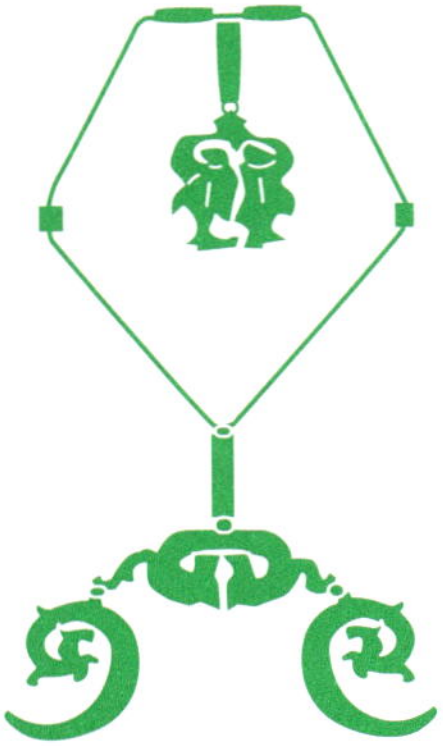

むかしの中国《ちゅうごく》のこしかざり

なりたち

黄《き・オウ》には、ふたつのなりたちがある。

ひとつは、火《ひ》をつけてとばす矢《や》。その火《ひ》のかがやき。

もうひとつは、古代《こだい》の人《ひと》がこしにつけた、かざりの玉《たま》。その、たからの玉《たま》の光《ひか》る色《いろ》。

どちらも、きらきらと光《ひか》りかがやくものだ。それを「黄色《きいろ》」の黄《き》としたのだろう。

かきじゅん

11かく

ことばのれい

黄色《きいろ》・黄身《きみ》・黄金《こがね》・黄金《おうごん》・黄砂《こうさ》

くんよみ

あ-う

合

おんよみ

ゴウ・ガッ・カッ

むかしのかん字

はやわかり　となえことば

だいじな
うつわに
ぴったり
合《あ》うよう
ふたをする

なりたち

合《あーう・ゴウ》は、いのりのことばを入《い》れるうつわの𠙵《サイ》に、ふたをしているかたち。だいじなやくそくのことばをかいて、うつわに入《い》れて、ふたをする。それを合《ゴウ》といった。
「うつわにふたが、ぴったり合《あ》うこと」と、おぼえてもいいね。

かきじゅん

ノ 𠆢 亼 亼 合 合

6かく

ことばのれい

合図《あいず》・気合《きあ》い・場合《ばあい》・答《こた》え合《あ》わせ・合計《ごうけい》・合同《ごうどう》・集合《しゅうごう》・合体《がったい》・合戦《かっせん》

くんよみ

谷《たに》

おんよみ

（コク）

むかしのかん字

はやわかり　となえことば

山《やま》と山《やま》
あいだの
谷間《たにま》の
かたちが谷《たに》

なりたち

山《やま》と山《やま》がせまって、せまくなったところを「たに」という。谷《たに》は、その入《い》り口《ぐち》をあらわしたかたち。

むかしのかん字《じ》を見《み》てみよう。

上《うえ》の八八は、山《やま》がかさなるようにせまっているところで、下《した》の∨は、谷《たに》の入《い》り口《ぐち》をあらわしている。

かきじゅん

ノ ハ 𠆢 仌 谷 谷 谷

7かく

ことばのれい

谷川《たにがわ》・谷間《たにま》・谷底《たにぞこ》・渓谷《けいこく》

くんよみ　くに

おんよみ　コク

国

むかしのかん字

（國）

はやわかり　となえことば

かべで　かこんで　まもった国《くに》

なりたち

国《くに・コク》は、もともとは、國とかいた。國《コク》を分解《ぶんかい》してみよう。或《わく》は、城《じょう》へきにかこまれた都市《とし》を、武器《ぶき》の戈《ほこ》でまもるかたち。その或《わく》のまわりに、さらにかこみの口《い》をつけて、「くに」をあらわしたんだ。

かきじゅん

8かく

ことばのれい

雪国《ゆきぐに》・北国《きたぐに》・国民《こくみん》・国内《こくない》・国会《こっかい》・全国《ぜんこく》・帰国《きこく》・母国《ぼこく》・天国《てんごく》

くんよみ　くろ・くろ-い

黒

おんよみ　コク

むかしのかん字

はやわかり　となえことば

ふくろに　たまった　黒《くろ》いすみ

なりたち

松《まつ》の木《き》などの油《あぶら》の多《おお》い木《き》をもやすと、まっくろいけむりが、もくもく出《で》る。そのけむりは、すすという細《こま》かいつぶつぶで、それをふくろにためて、すみをつくる。すみは、習字《しゅうじ》でもつかうね。

黒《くろ・コク》は、もやしたすすをふくろにためて、黒《くろ》いすみをつくっているようすからできた字《じ》。

かきじゅん　11かく

ことばのれい

黒字《くろじ》・黒子《くろこ》・黒幕《くろまく》・黒板《こくばん》・暗黒《あんこく》

くんよみ　いま

おんよみ　コン

今

むかしのかん字

はやわかり　となえことば

今《いま》というじは
きのこみたいな
ふたのかたち

なりたち

今《いま・コン》は、びんやつぼのふたのかたちからできた字《じ》なんだ。

下《した》にせんがついていて、きのこのようなかたちのふただ。

でも、この字《じ》は、ふたといういみにはつかわれず、「いま・むかし」の今《いま》につかわれるようになった。

かきじゅん

ノ　人　亼　今　4かく

ことばのれい

今時《いまどき》・今夜《こんや》・今週《こんしゅう》・今月《こんげつ》・今度《こんど》・
今後《こんご》・今日《こんにち》・今日《きょう》・今朝《けさ》・今年《ことし》

おもしろいかん字《じ》のはなし②

いまは灬（よってん）、むかしはなあに？

魚《さかな》、馬《うま》、鳥《とり》、黒《くろ》。どの字《じ》にも、灬（よってん）があるよ。もとのかたちを見《み》てみよう。

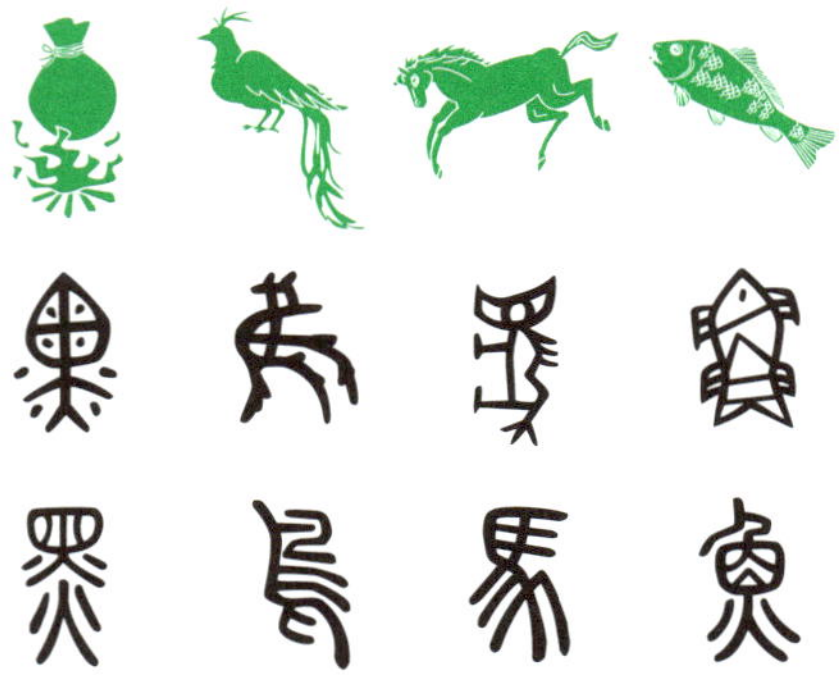

魚《さかな》	馬《うま》	鳥《とり》	黒《くろ》
さかなのおひれ	うまのあし	とりのあし	すみをもやす火《ひ》

絵《え》のようにかいた
「むかしのかん字《じ》」では、
それぞれ、
ちがうかたちだった。
けれど、
かきあらわしかたが、
かんたんになって、
どれもおなじ灬（よってん）
になったんだ。

音《おん》よみが「サ行《ぎょう》」のかん字《じ》

サ

くんよみ

才

おんよみ

サイ

むかしのかん字

はやわかり　となえことば

とくべつな
ばしょに　めじるし
たてた才《さい》

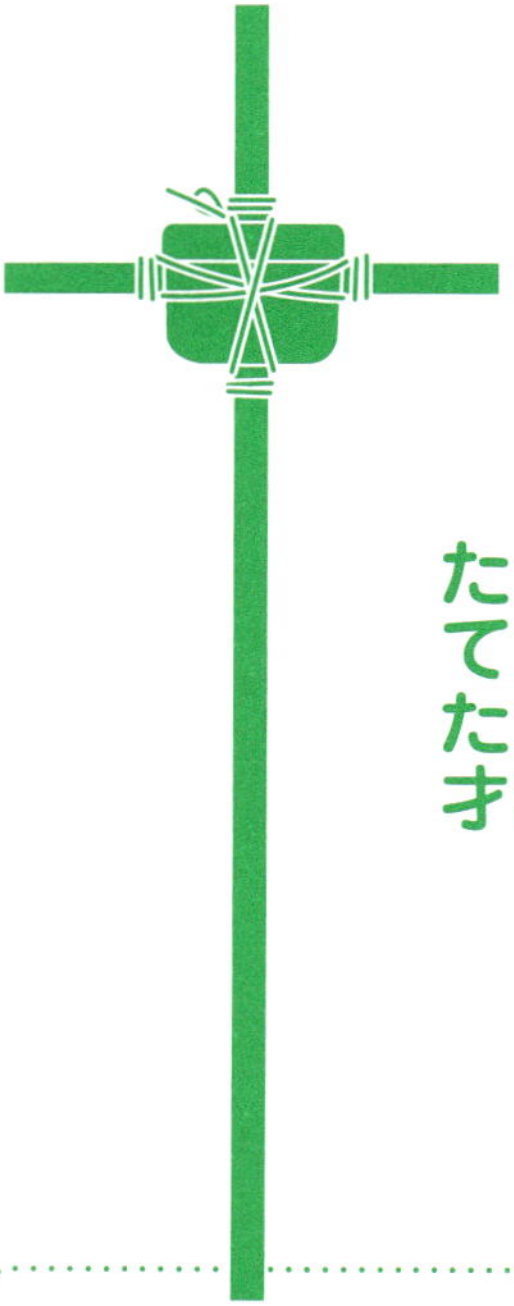

なりたち

才《サイ》のむかしのかん字《じ》は、田《た》んぼのかかしみたいだね。

才《サイ》は、「ここは神聖《しんせい》な場所《ばしょ》だぞ」としめす、目《め》じるしの木《き》のかたちからできた字《じ》なんだ。

いのりのことばやまじないをかいて、十字《じゅうじ》にした木《き》につけたのだという。

才《サイ》は、「天地自然《てんちしぜん》のなかに、もともとあるもの」といういみで、それで「才能《さいのう》」などのことばにつかわれる。

かきじゅん　3かく

一 十 才

ことばのれい

才能《さいのう》・才覚《さいかく》・天才《てんさい》・秀才《しゅうさい》

くんよみ

ほそ-い

こま-かい

細

おんよみ

サイ

はやわかり となえことば

細《ほそ》く
細《こま》かく
おったぬの

むかしのかん字

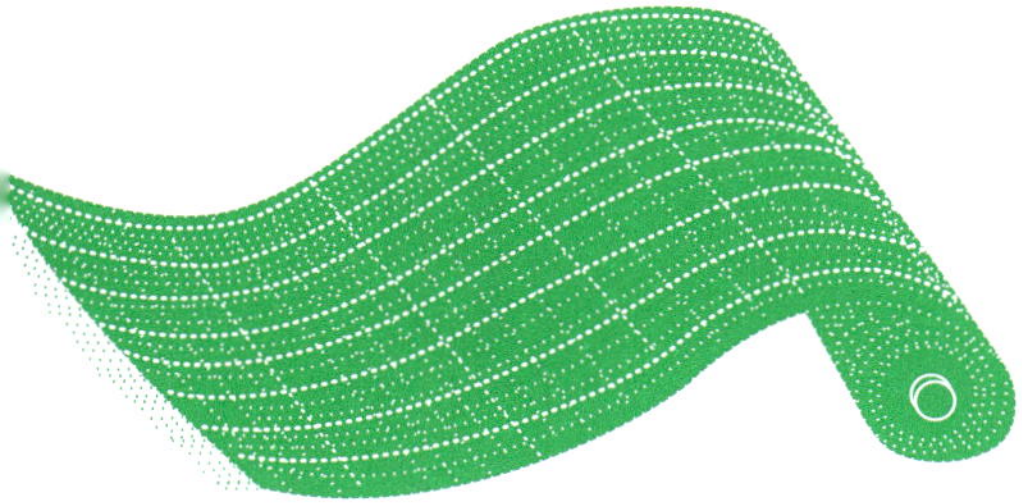

なりたち

細《サイ》のもとのかたちは糸囟で、糸（いとへん）に囟《シ》とかいた。囟《シ》は、ここでは、おったぬのの細《こま》かいあみ目《め》をあらわしている。おりものの目《め》が細《ほそ》く、細《こま》かいことをあらわしたのが、細《サイ》のなりたち。

！囟《シ》は、もともとは、人間《にんげん》の脳《のう》のある頭《あたま》のかたち。

かきじゅん 11かく

く 幺 幺 糸 糸 糸 糸 糸冂 細 細 細

ことばのれい

細字《ほそじ》・細道《ほそみち》・細部《さいぶ》・細工《さいく》・細心《さいしん》・細胞《さいぼう》・明細《めいさい》

くんよみ

作

つく-る

おんよみ

サク・サ

むかしのかん字

はやわかり　となえことば

木《き》のえだを　おりまげ　作《つく》った　手《て》作《づく》りのもの

なりたち

作《つく-る・サク》の、むかしのかん字《じ》を見《み》てごらん。木《き》のえだを手《て》でおりまげて、できたかたちだよ。これが、乍《（サク）》になった。人《ひと》の手《て》で、ものをつくることをあらわしている。

人間《にんげん》がすることだから、さらに、そこにイ（にんべん）をつけて、いまの作《サク》の字《じ》ができたんだ。

かきじゅん　7かく

ノイ仆竹作作

ことばのれい

作《つく》り話《ばなし》・手《て》作《づく》り・作文《さくぶん》・作者《さくしゃ》・工作《こうさく》・名作《めいさく》・作業《さぎょう》・動作《どうさ》

算

くんよみ

おんよみ　サン

むかしのかん字

はやわかり　となえことば

竹《たけ》のぼう
ならべて
かぞえて
計算《けいさん》をする

なりたち

算《サン》を分解《ぶんかい》してみよう。
上《うえ》は竹《たけ》（たけかんむり）。下《した》はもともと、
「道具《どうぐ》」の具《ぐ》という字《じ》。
「竹《たけ》でつくった計算《けいさん》の道具《どうぐ》」というこ
とだね。
この計算《けいさん》ぼうをならべて、数《かぞ》えるこ
とを算《サン》といった。

かきじゅん　14かく

ことばのれい

算数《さんすう》・算段《さんだん》・引《ひ》き算《ざん》・足《た》し算《ざん》・計算《けいさん》・
暗算《あんざん》・予算《よさん》

止

くんよみ　と－まる

おんよみ　シ

むかしのかん字

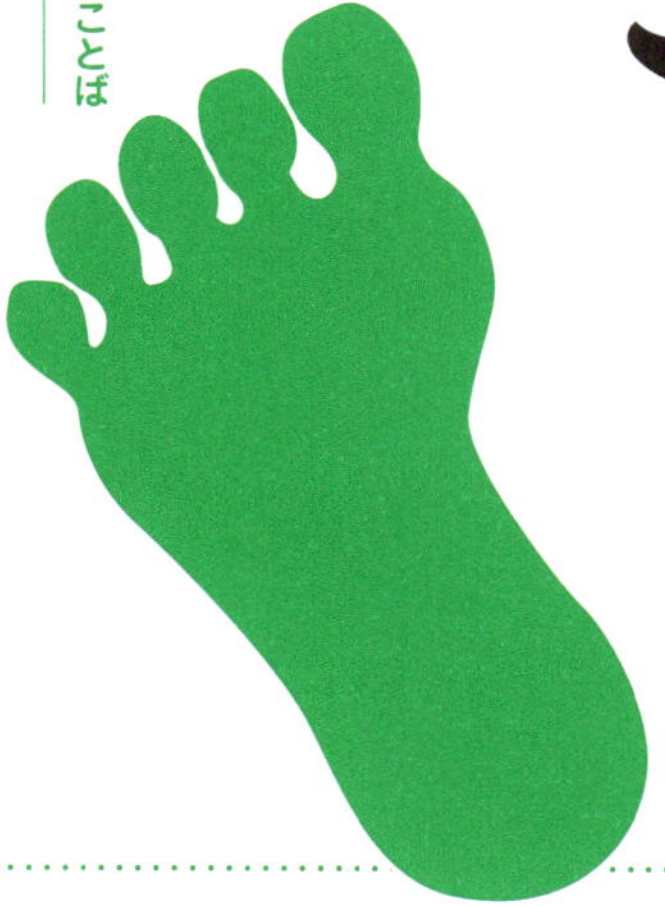

はやわかり　となえことば

あしあとの
かたちをつけて
あし　止《と》める

なりたち

人間《にんげん》の足《あし》に関係《かんけい》するかん字《じ》は、足《あし》あとのかたちであらわすよ。その、いちばんおおもとのかたちが、止《と－まる・シ》。

左《ひだり》の足《あし》あとのかたちからできた字《じ》で、→ㅂ→止→止、となったんだ。

足《あし》あとは、人《ひと》が、まえのほうにすすんでいったしるし。それで、止《シ》は、はじめは「すすむ」といういみだった。

でも、足《あし》あとはそこにのこるから、「とまる」「とめる」といういみにつかわれるようになった。

かきじゅん

丨　ト　⺊　止

4かく

ことばのれい

行《い》き止《ど》まり・歯止《はど》め・中止《ちゅうし》・禁止《きんし》

くんよみ いち

市

おんよみ シ

むかしのかん字

はやわかり となえことば

たてふだの かたちから できた 市場《いちば》の市《いち》

なりたち

市《いち・シ》は、市場《いちば》の場所《ばしょ》をしめす「立《た》てふだ」のかたちからできた字《じ》。せの高《たか》いひょうしきで、「ここを市《いち》場《ば》とする。ものを売《う》ったり、買《か》ったりしてもいいぞ」ということをあらわした。

そうしたところに人《ひと》があつまって、まちができたので、「まち」のいみにもつかわれるようになった。

かきじゅん 5かく

ことばのれい

市場《いちば》・市場《しじょう》・朝市《あさいち》・市立《しりつ》・市民《しみん》・市役所《しやくしょ》・市町村《しちょうそん》・都市《とし》

くんよみ　や

矢

おんよみ　（シ）

むかしのかん字

はやわかり　となえことば

まっすぐに
まとを
めがけて
とんでいく矢《や》

なりたち

いまのかん字《じ》からは、よくわからないけれど、矢《や》は、弓矢《ゆみや》の矢《や》のかたちからできた字《じ》だ。

むかしのかん字《じ》を見《み》ると、わかるよね。

弓《ゆみ》の矢《や》は、武器《ぶき》としてつかうものだけれど、むかし、やくそくしたり、ちかいあったりするときの、どうぐにもつかわれた。

かきじゅん　5かく

ことばのれい

矢印《やじるし》・矢先《やさき》・矢面《やおもて》・弓矢《ゆみや》・一矢《いっし》

くんよみ　あね

おんよみ　（シ）

姉

むかしのかん字

はやわかり　となえことば

おんなへんに
市《し》をかいて
ねえさんの姉《あね》

なりたち

姉《あね・シ》は、おんなの人《ひと》をあらわす女（おんなへん）に、市《シ》とかく。市《シ》は、ここでは、「シ」という音《おん》をあらわすだけのやくめなんだ。姉《あね》とは、もちろん、兄弟姉妹《きょうだいしまい》の「あね」のこと。

かきじゅん

8かく

ことばのれい

姉《あね》・姉妹《しまい》・姉妹都市《しまいとし》・姉《ねえ》さん

くんよみ　おも-う

おんよみ　シ

思

むかしのかん字

はやわかり　となえことば

あたまと心《こころ》をあわせて思《おも》う

なりたち

思《おもーう・シ》は、田《た》と心《こころ》（こころ）とに分《わ》けられるよ。でも、むかしのかん字《じ》では、田《た》は囟《(シ)》だった。囟《(シ)》は、人間《にんげん》の脳《のう》のある頭《あたま》のかたち。心《こころ》は、こころのはたらきをあらわす。思《シ》とは、脳《のう》をつかって思《おも》うこと。

かきじゅん　9かく

ことばのれい

思《おも》い出《で》・思《おも》いやり・思考《しこう》・思案《しあん》・思想《しそう》・思春期《ししゅんき》・意思《いし》

紙

くんよみ　かみ

おんよみ　シ

むかしのかん字

はやわかり　となえことば

糸《いと》やぬのから
さいしょの
紙《かみ》は
できました

なりたち

紙《かみ》は、中国《ちゅうごく》で発明《はつめい》された。さいしょは、糸《いと》やわたくずで作《つく》っていたという。その後《ご》、いまから千九百年《せんきゅうひゃくねん》ほどまえ、蔡倫《さいりん》という人《ひと》が、木《き》の皮《かわ》や、麻布《あさぬの》のきれはしなどをつかって、もっといい紙《かみ》をつくった。

紙《かみ・シ》が「いとへん」なのは、糸《いと》やせんいをもとに作《つく》っていたからなんだ。氏《シ》は、「シ」という音《おん》をあらわすだけのやくめ。

かきじゅん

10かく

く 幺 幺 糸 糸 糸 糸 紅 紙 紙

ことばのれい

手紙《てがみ》・紙細工《かみざいく》・紙一重《かみひとえ》・白紙《はくし》・新聞紙《しんぶんし》・和紙《わし》・台紙《だいし》・画用紙《がようし》

くんよみ　てら

寺

おんよみ　ジ

むかしのかん字

はやわかり　となえことば

しごとする
おやくしょが
やがて寺《てら》になり

なりたち

寺《てら・ジ》は、持《ジ》（もつ）のもとの字《じ》で、「もつ」「もちつづける」といういみの字《じ》だった。寺《てら》のなかにある寸《すん》は、手《て》をあらわすかたちだよ。

それが、やがて、役所《やくしょ》をあらわす字《じ》になった。

さらに、もっとあとになって、おぼうさんたちのくらすところが、寺《てら》といわれるようになったんだ。

かきじゅん

6かく

ことばのれい

寺《てら》まいり・山寺《やまでら》・寺院《じいん》・寺社《じしゃ》

くんよみ　みずか-ら

自

おんよみ　ジ・シ

むかしのかん字

はやわかり　となえことば

自分《じぶん》だよと　ゆびさす　はなの　かたちが自《じ》

なりたち

自《みずか-ら・ジ》は、人間《にんげん》のはなのかたちからできた。自《ジ》は、さいしょ、はなをあらわす字《じ》だった。

それが、なぜ、「自分《じぶん》」の自《ジ》になったかといえば、むかしの中国《ちゅうごく》でも、「自分《じぶん》だよ」としめすとき、はなをゆびさしたからなんだ。

いま、つかわれている鼻《はな》という字《じ》は、あとからつくられた。

かきじゅん　6かく

′ 亻 冂 白 白 自

ことばのれい

自《みずか》ら・自力《じりき》・自由《じゆう》・自転車《じてんしゃ》・自動《じどう》・自己《じこ》・各自《かくじ》・独自《どくじ》・自然《しぜん》

くんよみ　とき

時

おんよみ　ジ

むかしのかん字

はやわかり　となえことば

お日《ひ》さまに
寺《てら》のじ
かいて
時間《じかん》の時《じ》

なりたち

時間《じかん》は、ずっとつづいているものだね。

時《とき・ジ》は、日（ひへん）に寺《てら・ジ》とかく。日（ひへん）は、太陽《たいよう》のめぐりをあらわすよ。寺《ジ》は、「つづくもの」をあらわしている。（寺《てら》のなりたちは、84ページに。）

太陽《たいよう》のめぐりのように、うちつづく時間《じかん》をあらわしたのが、時《とき》という字《じ》。

かきじゅん　10かく

ことばのれい

昼時《ひるどき》・時間《じかん》・時代《じだい》・時計《とけい》・同時《どうじ》・当時《とうじ》

室

くんよみ （むろ）

おんよみ シツ

むかしのかん字

はやわかり　となえことば

矢《や》の
至《いた》りついた
ところに
たてた
たてものの室《しつ》

なりたち

古代《こだい》の中国《ちゅうごく》では、だいじなたてものをたてるとき、矢《や》をはなって、たてる場所《ばしょ》をえらんだのだという。

室《シツ》は、そうやってたてた、祖先《そせん》をまつるたてものをあらわした字《じ》。やねのかたちの宀（うかんむり）が、たてものをあらわしている。

至《し》は、とんでいった矢《や》のつきささったかたち。

かきじゅん　9かく

ことばのれい

室内《しつない》・室温《しつおん》・教室《きょうしつ》・客室《きゃくしつ》・王室《おうしつ》

社

くんよみ　やしろ

おんよみ　シャ

はやわかり　となえことば

もとは土《つち》
土地《とち》の
かみさま
まつった社《やしろ》

むかしのかん字

（土）

社

なりたち

社《やしろ・シャ》のもとの字《じ》は、土《つち》だったんだよ。土《つち》は、土《つち》をまるめて、台《だい》の上《うえ》にかざったかたち。土地《とち》のまもり神《がみ》をあらわす。

それがやがて、地面《じめん》の「つち」のいみにつかわれるようになった。

それで、土《つち》に、神《かみ》をまつるつくえの示《しめーす》（ネ・しめすへん）をつけて、社《シャ》の字《じ》ができたんだ。

「神《かみ》をまつるやしろ」をあらわした字《じ》だよ。

かきじゅん　7かく

、ラネネネ一ネ十社

ことばのれい

社《やしろ》・社会《しゃかい》・社交《しゃこう》・社員《しゃいん》・神社《じんじゃ》・会社《かいしゃ》

弱

くんよみ　よわ-い

おんよみ　ジャク

はやわかり　となえことば

かざり弓《ゆみ》
ぶきでは
ないから
弱《よわ》くてもよい

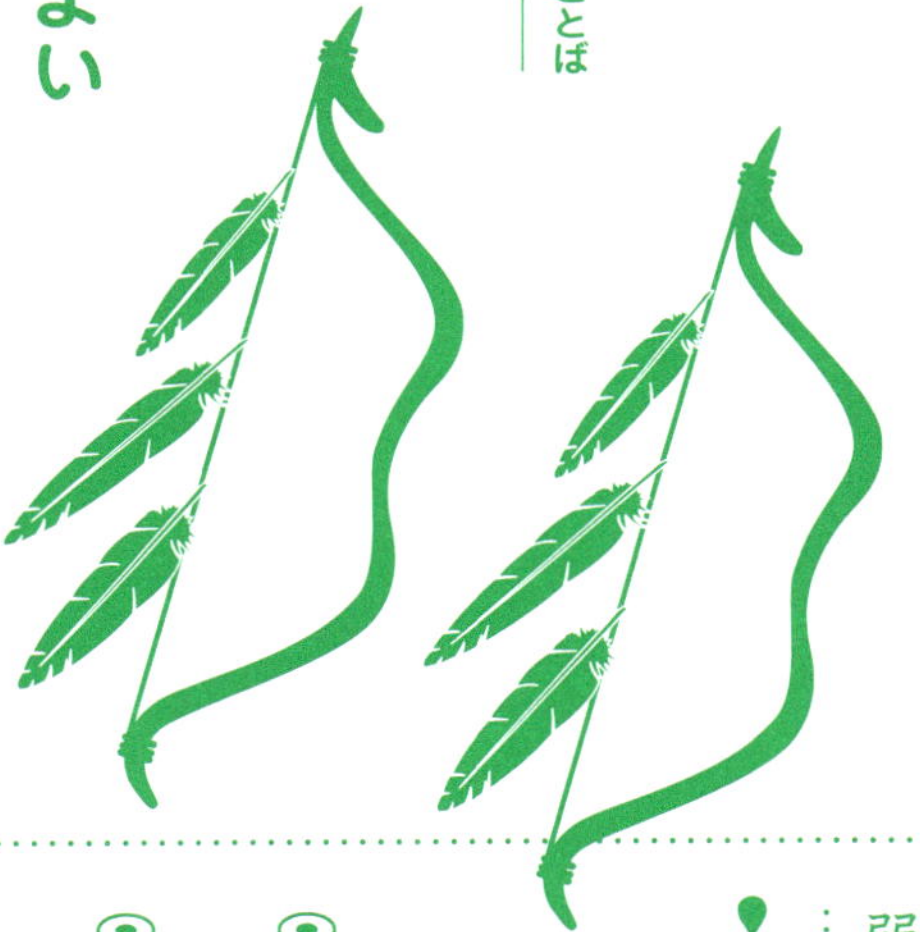

むかしのかん字

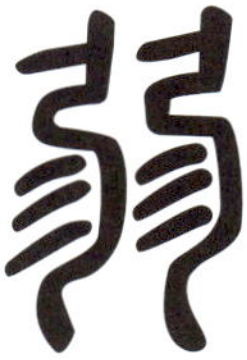

なりたち

弱《よわ-い・ジャク》は、かざりのついた弓《ゆみ》（）を二《ふた》つならべたかたち。かざりつきの弓《ゆみ》は、まじないなどのためにつかい、たたかうための武器《ぶき》ではないので、弱《よわ》くてもいい。それが、弱《ジャク》のなりたちなんだ。

！強《キョウ》は、ほんものの弓《ゆみ》で、強《つよ》い弓《ゆみ》のこと。

かきじゅん　10かく

ことばのれい

弱気《よわき》・弱火《よわび》・弱点《じゃくてん》・弱年《じゃくねん》・強弱《きょうじゃく》

くんよみ　くび

首

おんよみ　シュ

むかしのかん字

はやわかり　となえことば

ぎょろ目《め》の
うえに
かみのけ
かいた
首《くび》のもじ

なりたち

首《くび・シュ》は、人間《にんげん》の首《くび》から上《うえ》を、絵《え》にしたようなかたちの字《じ》。むかしのかん字《じ》を見《み》ると、かみの毛《け》と目《め》が、よくわかるね。

！元《もと・ゲン》は、「首《くび》はここだよ」と、さししめしているかたち（50ページを見《み》てね）。

かきじゅん　9かく

ことばのれい

首輪《くびわ》・首《くび》かざり・手首《てくび》・足首《あしくび》・首位《しゅい》・首都《しゅと》・首相《しゅしょう》・自首《じしゅ》・百人一首《ひゃくにんいっしゅ》

秋

くんよみ　あき

おんよみ　シュウ

むかしのかん字

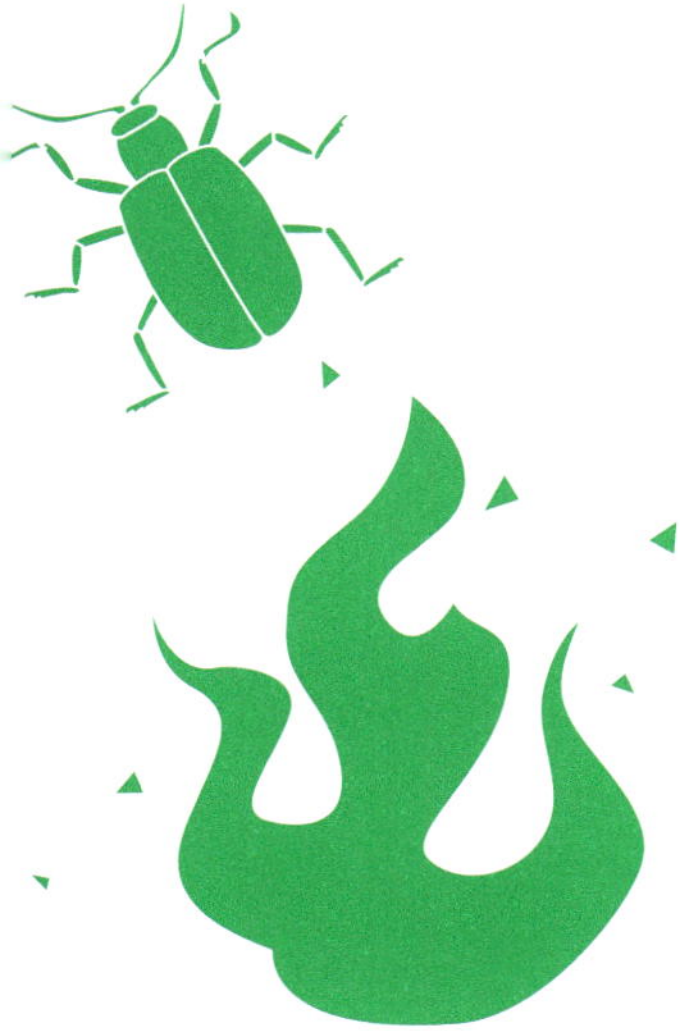

はやわかり　となえことば

イネのむし
火《ひ》でやきすてた
みのりの秋《あき》

なりたち

秋《あき・シュウ》は、もともとは、龝《シュウ》というややこしい字《じ》だった。禾《（か）》はイネ。龜《き》は、イネにつく虫《むし》をあらわしていて、その下《した》に灬（火《ひ》）がついている。

イネにつく害虫《がいちゅう》を、火《ひ》でやくことをあらわした字《じ》だ。害虫《がいちゅう》をやいたのが、「あき」のきせつだったからだね。

あとから龜《き》がなくなって、秋《あき》の字《じ》になった。

かきじゅん　9かく

ノ ニ 千 千 禾 禾 禾 秒 秋

ことばのれい

秋風《あきかぜ》・秋晴《あきば》れ・秋場所《あきばしょ》・秋分《しゅうぶん》・初秋《しょしゅう》

くんよみ

週

おんよみ

シュウ

はやわかり　となえことば

ひにちがめぐる
一週間《いっしゅうかん》の週《しゅう》

なりたち

週《シュウ》は、辶（しんにょう）と周《シュウ》とに分《わ》けられるよ。

周《シュウ》は、武器《ぶき》のたての表面《ひょうめん》に、うつくしく、もようをほったかたち。もようを全体《ぜんたい》にほりめぐらしたことから、周《シュウ》には、「めぐる」「ぐるりとまわる」といういみがある。

それに辶（しんにょう）がついて、週《シュウ》（めぐる）という字《じ》になった。

かきじゅん

11かく

丿 冂 月 円 円 用 周 周 周 凋 週

ことばのれい

週間《しゅうかん》・週刊《しゅうかん》・週日《しゅうじつ》・週末《しゅうまつ》・今週《こんしゅう》・先週《せんしゅう》・来週《らいしゅう》・毎週《まいしゅう》

くんよみ　はる

春

おんよみ　シュン

むかしのかん字

はやわかり　となえことば

草《くさ》はもえ
日《ひ》は
うらうらと
春《はる》のもじ

なりたち

ふゆのあいだ、くさのいのちは、土《つち》のなかで、ぎゅっと、にぎりしめたようになっている。

春《はる》になると、お日《ひ》さまがかがやいて、そのくさが、めをだすんだ。

春《はる・シュン》の、むかしのかん字《じ》を見《み》てごらん。わけると、（くさ）と、（日《ひ》）と、（屯《とん(チュン)》）。

屯《(チュン)》は、糸《いと》をむすんだかたちの字《じ》。

かきじゅん

一 二 三 𡗗 夫 夫 春 春 春

9かく

ことばのれい

春風《はるかぜ》・春雨《はるさめ》・春休《はるやす》み・春分《しゅんぶん》・新春《しんしゅん》・青春《せいしゅん》・春夏秋冬《しゅんかしゅうとう》

くんよみ

書

かーく

おんよみ

シヨ

はやわかり となえことば

手《て》にふでを まっすぐ もって もじを書《か》く

むかしのかん字

なりたち

書《かーく・ショ》のむかしのかたちは、都市《とし》をまもるための「まもりふだ」。むかし、まもりふだを書《か》いて、城《じょう》へきのなかにうめた。書《ショ》は、そのまもりふだの文字《もじ》を書《か》くことを、あらわした字《じ》。

かきじゅん

10かく

ことばのれい

書《か》き初《ぞ》め・手書《てが》き・書類《しょるい》・書店《しょてん》・書道《しょどう》・図書《としょ》・読書《どくしょ》

くんよみ

すく-ない
すこ-し

少

おんよみ

ショウ

むかしのかん字

はやわかり　となえことば

小《ちい》さな貝《かい》に
ひもを
とおして
少《しょう》のもじ

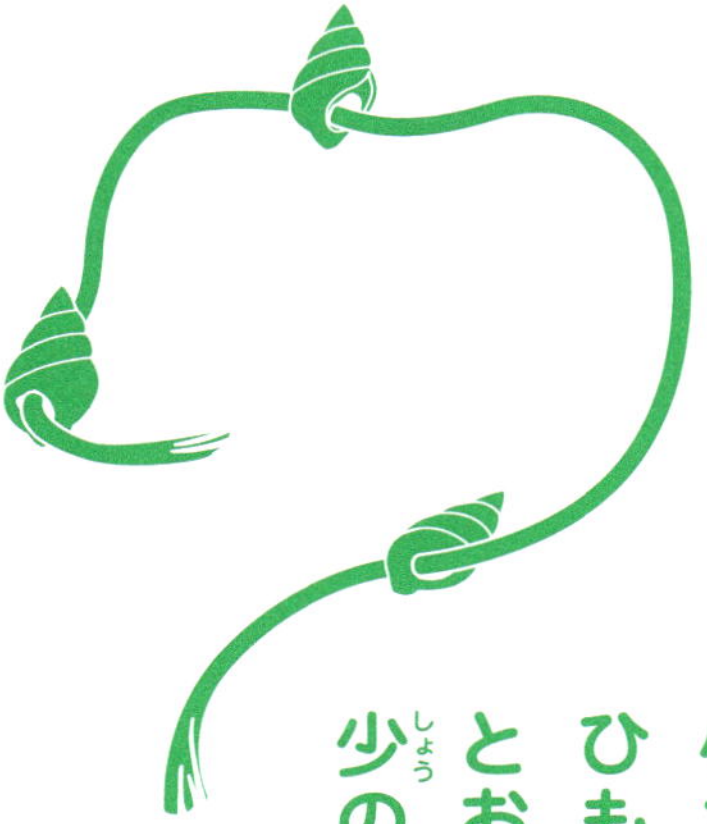

なりたち

少《すく-ない・ショウ》は、小《ちい》さな貝《かい》や宝石《ほうせき》を、ひもでつづったかたちの字《じ》だよ。

❗小《ショウ》と少《ショウ》は、にているね。小《ショウ》は、貝《かい》や宝石《ほうせき》が、ばらばらにあるかたち。それをつづったのが少《ショウ》。小《ショウ》が「ちいさい」につかわれて、少《ショウ》が「すくない」につかわれた。

かきじゅん　4かく

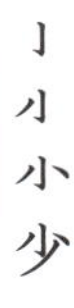

ことばのれい

少数《しょうすう》・少量《しょうりょう》・少年《しょうねん》・少女《しょうじょ》・年少《ねんしょう》・多少《たしょう》・最少《さいしょう》

くんよみ　ば

おんよみ　ジョウ

場

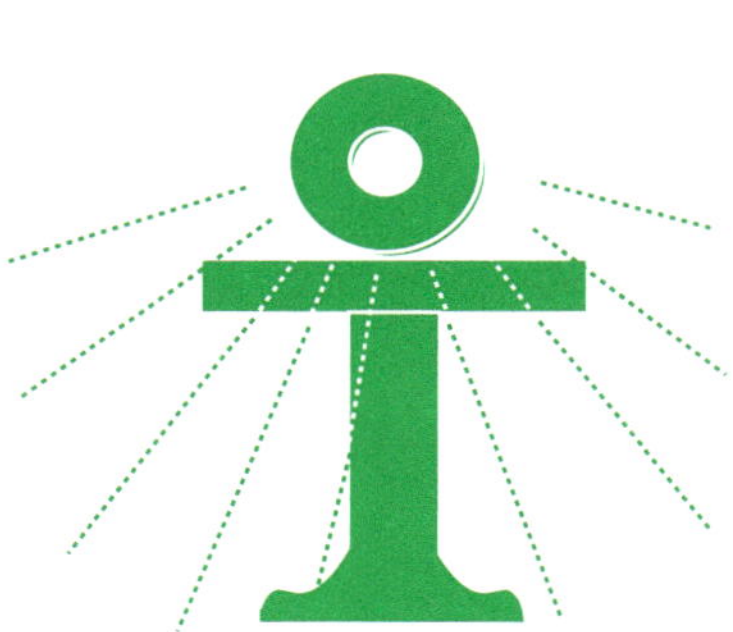

むかしのかん字

はやわかり　となえことば

おそなえをして　かみさま　まつる　場所《ばしょ》の場《ば》だ

なりたち

場《ば・ジョウ》は、土（つちへん）と昜《(ヨウ)》とに分《わ》けられるよ。

昜《(ヨウ)》は、光《ひか》りかがやく宝石《ほうせき》（玉《ぎょく》）を台《だい》の上《うえ》においたかたち。

日が玉《ぎょく》で、勿のななめせんが、かがやく光《ひかり》をあらわしている。

場《ば》は、その玉《ぎょく》をのせた台《だい》をおく場所《ばしょ》をあらわした字《じ》。

かきじゅん　12かく

一 十 土 圠 坦 坦 坦 坦 埸 場 場 場

ことばのれい

場所《ばしょ》・場面《ばめん》・場合《ばあい》・広場《ひろば》・場内《じょうない》・会場《かいじょう》・登場《とうじょう》・運動場《うんどうじょう》

くんよみ

色

いろ

おんよみ

ショク・シキ

むかしのかん字

はやわかり　となえことば

色《いろ》のじは　ひとを　やさしく　だくかたち

なりたち

色《いろ・ショク》の、むかしのかん字《じ》を見《み》てみよう。

これは、すわっている人《ひと》（）の上《うえ》に、人《ひと》（）がのっているかたちなんだ。かたぐるまみたいだけれど、そうではなくて、人《ひと》が、人《ひと》を、うしろからだきかかえているところ。

この二人《ふたり》の人《ひと》は、なかよくしている。その「顔色《かおいろ》」が、色《いろ》のもとのいみだ。

やがて、さまざまなものの色《いろ》につかわれるようになった。

かきじゅん

6かく

ことばのれい

色合《いろあ》い・色紙《いろがみ》・顔色《かおいろ》・黄色《きいろ》・音色《ねいろ》・原色《げんしょく》・特色《とくしょく》・色彩《しきさい》・景色《けしき》

くんよみ たーべる・くーう

食

おんよみ ショク

はやわかり　となえことば

ごちそうは 食《た》べるまでは ふたをしておく

むかしのかん字

なりたち

食《たーべる・ショク》のなりたちは、むかしのかん字《じ》を見《み》れば、よくわかる。食器《しょっき》にごちそうをもって、それにふたをしたかたちなんだ。もられたごちそうが（皀《きゅう》）で、上《うえ》のがふただよ。

かきじゅん

ノ 人 亽 今 今 今 食 食 食

9かく

ことばのれい

食《た》べ物《もの》・食《く》い気《け》・食事《しょくじ》・食料《しょくりょう》・朝食《ちょうしょく》・給食《きゅうしょく》・和食《わしょく》・日食《にっしょく》・衣食住《いしょくじゅう》

くんよみ　こころ

心

おんよみ　シン

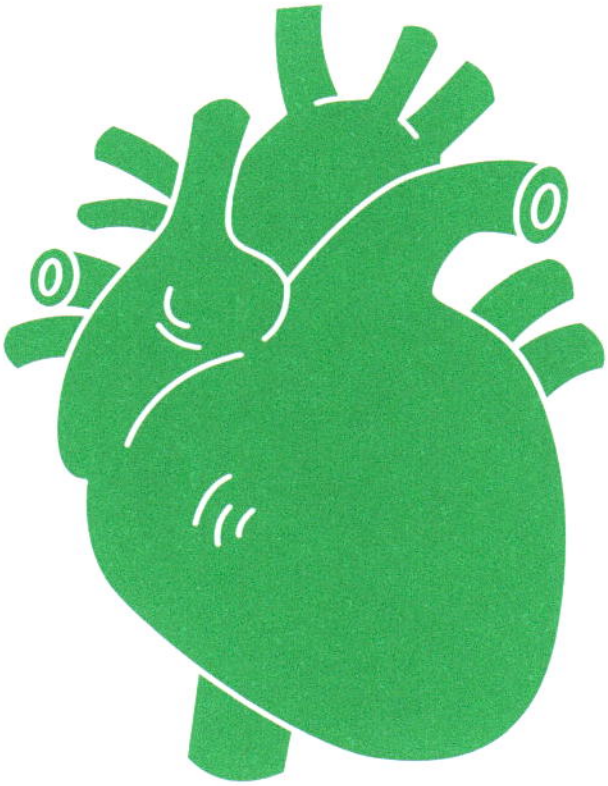

むかしのかん字

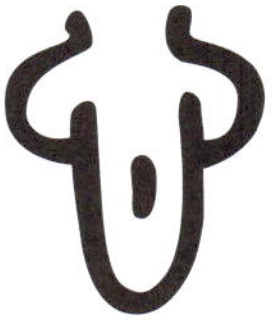

はやわかり　となえことば

心《しん》ぞうのかたちから　できた　心《こころ》のじ

なりたち

心《こころ・シン》は、心《しん》ぞうのかたちからできた字《じ》。「こころ」や「こころのはたらき」をあらわす字《じ》だよ。

!思《おも》う、悲《かな》しい、急《いそ》ぐ、悪《わる》い、息《いき》などのかん字《じ》のなかにも、心《こころ》があるのがわかるかな。

かきじゅん

丶 心 心 心

4かく

ことばのれい

心当《こころあ》たり・親心《おやごころ》・心身《しんしん》・心臓《しんぞう》・心配《しんぱい》・安心《あんしん》・決心《けっしん》・感心《かんしん》・中心《ちゅうしん》

くんよみ
あたら-しい
あら-た・にい

新

おんよみ
シン

むかしのかん字

はやわかり　となえことば

まつりには
新《あたら》しい木《き》を
おのできる

なりたち

おそう式《しき》や、神《かみ》をまつるのにつかう木《き》は、そのたびごとに、森《もり》から新《あたら》しく木《き》を切《き》ってきて、つかうことになっていた。そのとき、刃《は》ものをなげて、木《き》をえらんだ。

その木《き》が亲《しん》（亲）。木《き》を切《き》るおのが、斤《きん》。

新《あたら-しい・シン》は、祭《まつ》りにつかうための木《き》を新《あたら》しく切《き》ることをあらわした字《じ》。

かきじゅん　13かく

丶 亠 亠 立 立 辛 辛 亲 亲 亲 新 新 新

ことばのれい

新年《しんねん》・新入生《しんにゅうせい》・新学期《しんがっき》・新聞《しんぶん》・新鮮《しんせん》・新緑《しんりょく》・最新《さいしん》・一新《いっしん》・新潟県《にいがたけん》

親

くんよみ

おや

した-しい

おんよみ

シン

むかしのかん字

はやわかり　となえことば

なくなった
親《おや》の
いはいを
おがむ人《ひと》

なりたち

親《おや・シン》の字《じ》のなかの亲《しん》（亲）は、森《もり》でえらんだ木《き》からつくった位《い》はい（死《し》んだ人《ひと》をまつる木《き》のふだ）。

見《み-る》は、ここでは、その位《い》はいをおがむ人《ひと》のかたち。

親《おや》の字《じ》は、もともとは、親《しん》せきの人《ひと》たちをあらわしていた。だから、「したしい」といういみもあるんだね。

かきじゅん

16かく

ことばのれい

親子《おやこ》・親指《おやゆび》・親分《おやぶん》・母親《ははおや》・父親《ちちおや》・親友《しんゆう》・親切《しんせつ》・肉親《にくしん》・両親《りょうしん》

くんよみ

（はか-る）

図

おんよみ

ズ・ト

むかしのかん字

圖

（圖）

はやわかり　となえことば

じぶんの
とちは
きちんと
地図《ちず》に
かいておく

なりたち

図《ず》のなりたちは、農園《のうえん》の地図《ちず》だ。
むかしのかん字《じ》を見《み》てみよう。
かこみのなかは、イネやムギなどの
「こくもつ」をたくわえておく倉庫《そうこ》。
それに、囗（かこみ）をつけて、こ
くもつ倉《ぐら》のある農園全体《のうえんぜんたい》の地図《ちず》をあら
わしている。

かきじゅん

7かく

ことばのれい

図工《ずこう》・図形《ずけい》・地図《ちず》・天気図《てんきず》・合図《あいず》・
図書《としょ》・意図《いと》

くんよみ
かず
かぞ-える

おんよみ
スウ

数

むかしのかん字

（數）

はやわかり　となえことば

かみのけは
数《かぞ》えきれない
ほどの数《かず》

なりたち

数《かず・スウ》の、むかしのかん字を見《み》てごらん。左《ひだり》がわの（婁《ろう》）は、女《おんな》の人《ひと》が、かみの毛《け》を高《たか》くゆいあげたかたち。右《みぎ》がわの（攵・むちづくり）は、むちでうつかたち。
むちでうつと、ゆったかみの毛《け》がほどけて、ばらばらになる。すると、かみの毛《け》は、数《かぞ》えきれないほどの数《かず》になる。そこから「かず」「かぞえる」といういみになった。ふしぎだね。

かきじゅん

13かく

ことばのれい

口数《くちかず》・頭数《あたまかず》・数《かぞ》え歌《うた》・数字《すうじ》・数日《すうじつ》・数回《すうかい》・算数《さんすう》・人数《にんずう》・少数《しょうすう》・多数《たすう》

くんよみ

西

にし

おんよみ

セイ・サイ

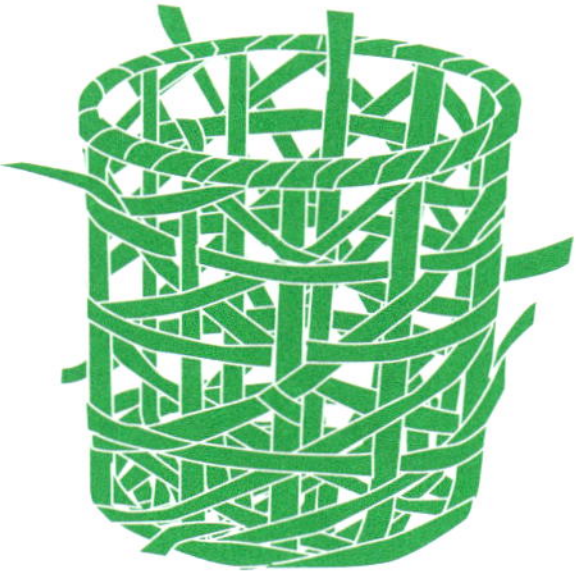

むかしのかん字

はやわかり　となえことば

めのあらい
かごの
かたちが
西《にし》につかわれ

なりたち

西《にし・セイ》のむかしのかん字《じ》は、目《め》のあらいかごのかたち。

でも、いまは、そのいみにつかわれることはなくて、東西南北《とうざいなんぼく》の「にし」にだけつかわれる。

もとのいみとは関係《かんけい》のないことばにつかわれた字《じ》が、かん字《じ》にはたくさんあるんだ。東《ひがし》・西《にし》や、数字《すうじ》の四《し》・五《ご》・六《ろく》・七《しち》なども、そうなんだよ。

かきじゅん　6かく

一 厂 冂 丙 襾 西

ことばのれい

西日《にしび》・西北《せいほく》・西部《せいぶ》・西洋《せいよう》・西暦《せいれき》・東西《とうざい》・関西《かんさい》

くんよみ　こえ

声

おんよみ　セイ

はやわかり　となえことば

もともとは
がっきの
おとを
あらわした声《こえ》

むかしのかん字

（聲）

なりたち

声《こえ・セイ》とは、人《ひと》の「こえ」のことだね。もともとのかたちは聲で、耳《みみ》がついていた。上《うえ》の殸《(けい)》は、石《いし》の楽器《がっき》を打《う》っているかたち。

その楽器《がっき》の音《おと》を耳《みみ》で聞くことが、聲《セイ》。

それが、「こえ」につかわれた。

かきじゅん

一 十 士 主 声 声 声

7かく

ことばのれい

声変《こえが》わり・笑《わら》い声《ごえ》・歌声《うたごえ》・声楽《せいがく》・音声《おんせい》・発声《はっせい》・肉声《にくせい》・名声《めいせい》

くんよみ　ほし

星

おんよみ　セイ

はやわかり　となえことば

かぎりなく　よぞらにひかる　お星《ほし》さま

むかしのかん字

なりたち

星《ほし・セイ》とは、夜空《よぞら》にかがやく「ほし」のこと。

むかしのかん字《じ》は、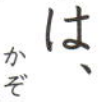で、日《ひ》が三《みっ》つだった。これが、数《かぞ》えきれないほどの星《ほし》の光《ひかり》をあらわしているんだよ。

かきじゅん　9かく

ことばのれい

星空《ほしぞら》・流《なが》れ星《ぼし》・図星《ずぼし》・星雲《せいうん》・星図《せいず》・金星《きんせい》・土星《どせい》・人工衛星《じんこうえいせい》

くんよみ

晴

はーれる

おんよみ

セイ

むかしのかん字

（𡖅）

はやわかり　となえことば

青《あお》いそら
お日《ひ》さま
かがやく
晴《は》れた日《ひ》だ

なりたち

晴《はーれる・セイ》は、日と青とに分《わ》けられるよ。
日（ひへん）は、お日《ひ》さまの日《ひ》。
青《あお・セイ》は、晴《は》れわたった空《そら》の青《あお》い色《いろ》。
晴《セイ》は、空《そら》が晴《は》れていることをあらわした字《じ》。

！むかしのかん字《じ》は𡖅《セイ》で、夜《よる》（夕《ゆう》）になって「はれる」ことをあらわした字《じ》。ここから、晴《セイ》という字《じ》がつくられたのだろう。

かきじゅん　12かく

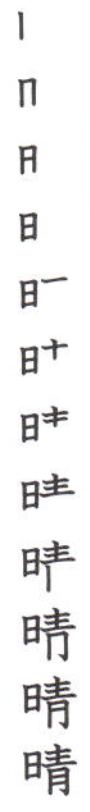

ことばのれい

晴《は》れ間《ま》・晴《は》れ着《ぎ》・秋晴《あきば》れ・晴《は》れ晴《ば》れ・気晴《きば》らし・晴天《せいてん》・晴雨《せいう》・快晴《かいせい》

くんよみ

切

きーる

おんよみ

セツ

むかしのかん字

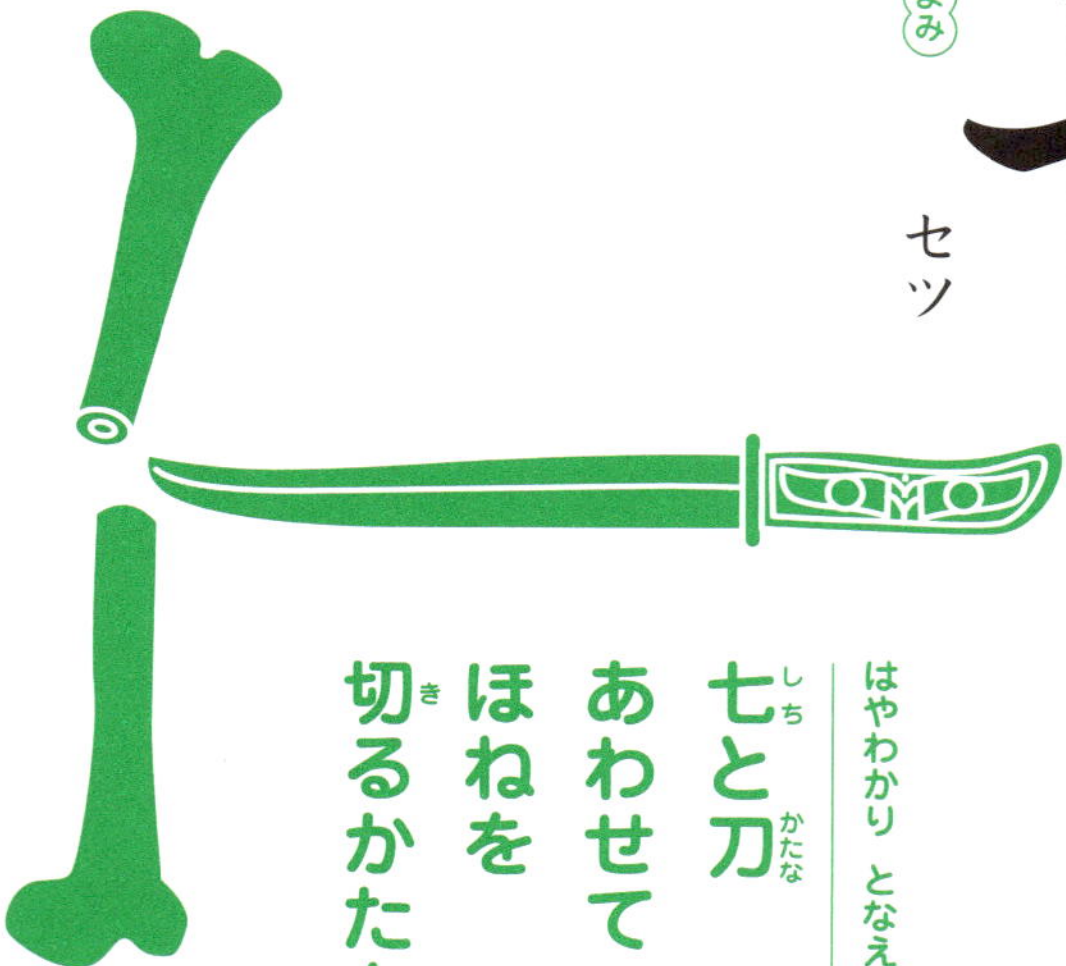

はやわかり　となえことば

七《しち》と刀《かたな》
あわせて
ほねを
切《き》るかたち

なりたち

切《き-る・セツ》は、七《しち》と刀《かたな》とを組《く》みあわせた字《じ》。七《しち》は、切《き》ったほねのかたち。それに刀《かたな》をくわえて、「切《き》る」といういみをあらわしたんだ。

かきじゅん

一　七　切　切

4かく

ことばのれい

切《き》り口《くち》・切《き》れ味《あじ》・一切《ひとき》れ・切手《きって》・切開《せっかい》・切断《せつだん》・大切《たいせつ》・親切《しんせつ》

くんよみ　ゆき

雪

おんよみ　セツ

はやわかり　となえことば

はらはらと
はねのように
ふってくる雪《ゆき》

むかしのかん字

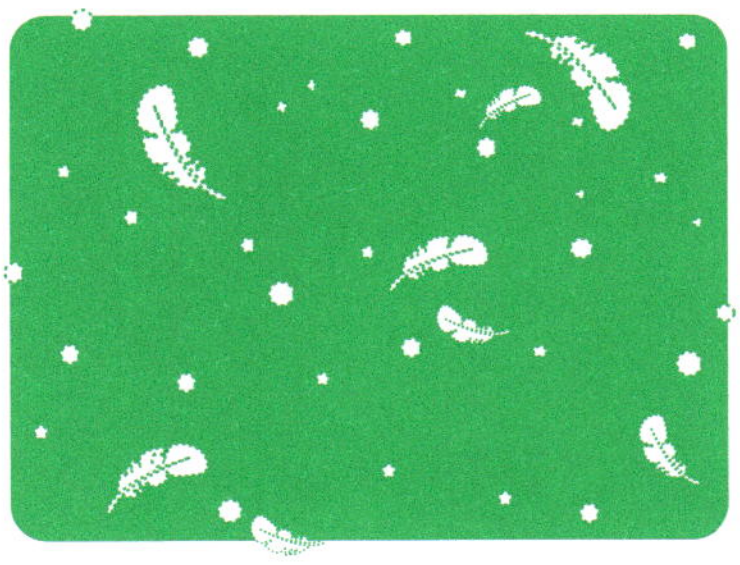

なりたち

雪《ゆき・セツ》の、むかしのかん字《じ》を見《み》てごらん。雨（あめかんむり）の下《した》に、鳥《とり》の羽《はね》のようなかたちが、二《ふた》つあるよ。空《そら》から、羽《はね》のように、はらはらとふってくる雪《ゆき》。あめかんむりは、ここでは、ゆきぐもをあらわしている。

おおむかしの人《ひと》は、雪《ゆき》を見《み》て、羽《はね》みたいだなと思《おも》って、この字《じ》をつくったのだろうね。

かきじゅん

11かく

ことばのれい

雪国《ゆきぐに》・雪《ゆき》だるま・初雪《はつゆき》・新雪《しんせつ》・積雪《せきせつ》

くんよみ
ふね・ふな

船

おんよみ
セン

はやわかり　となえことば

なみにのる
おおきな舟《ふね》が
船《ふね》のこと

むかしのかん字

なりたち

船《ふね・セン》という字《じ》は、舟（ふねへん）と㕣《（エン）》とに分《わ》けられるよ。陸《りく》に近《ちか》い海《うみ》（沿海《えんかい》）を行《い》き来《き》する「ふね」をあらわした字《じ》だ。

かきじゅん
11かく

ことばのれい

湯船《ゆぶね》・屋形船《やかたぶね》・船出《ふなで》・船旅《ふなたび》・船乗《ふなの》り・船長《せんちょう》・漁船《ぎょせん》・風船《ふうせん》

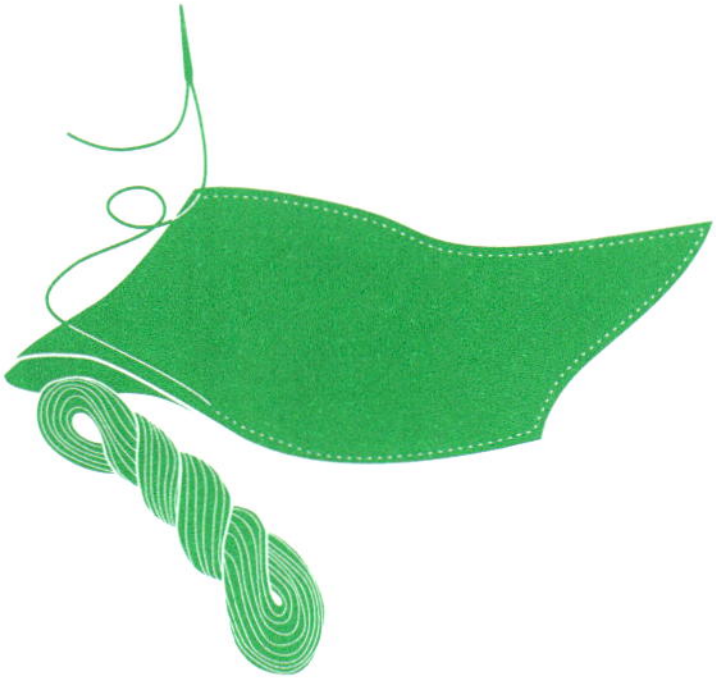

くんよみ

線

おんよみ

セン

むかしのかん字

（綫）

はやわかり　となえことば

糸《いと》のように
ほそく
ながく
つづく線《せん》

なりたち

線《セン》の、もとのかたちは綫。分《わ》けると、糸《（セン）》（いとへん）と戔《（セン）》だね。戔は、うすいものをかさねたかたちで、「うすいもの」「小《ちい》さいもの」「ほそいもの」をあらわすかたち。線《セン》は、もともと、ぬのをぬいあわせる細《ほそ》い糸《いと》をあらわしていた。いまは、いろいろな、細《ほそ》く長《なが》くつづくものをあらわす。

かきじゅん

15かく

線

ことばのれい

線路《せんろ》・直線《ちょくせん》・点線《てんせん》・電線《でんせん》・光線《こうせん》・放射線《ほうしゃせん》・水平線《すいへいせん》・新幹線《しんかんせん》

くんよみ まえ

前

おんよみ ゼン

むかしのかん字

はやわかり となえことば

足《あし》をあらって つめをきるのが 前《まえ》のもじ

なりたち

前《まえ・ゼン》の、むかしのかん字《じ》を見《み》てごらん。分《わ》けると、（刃《は》もの）と、（足《あし》）と、（たらい）と、になる。

むかし、たびから帰《かえ》ると、たらいの水《みず》で足《あし》をあらって、つめを切《き》った。前《まえ》は、それをあらわした字《じ》。

つめは、足《あし》のゆびの先《さき》にあるので、そこから「まえ」「すすむ」といういみをあらわすようになった。

かきじゅん　9かく

ことばのれい

前向《まえむ》き・前売《まえう》り・出前《でまえ》・前進《ぜんしん》・前日《ぜんじつ》・前年《ぜんねん》・午前《ごぜん》・以前《いぜん》・紀元前《きげんぜん》

組

くんよみ
くみ・く-む

おんよみ
ソ

むかしのかん字

はやわかり　となえことば

たくさんの
糸《いと》をあわせて
あんだ
組《く》みひも

なりたち

組《くみ・ソ》は、糸《いと》や細《ほそ》いひもをあんでつくった「組《く》みひも」のことをいった。それで、糸（いとへん）の字《じ》なんだね。且《（ソ）》は、「ソ」という音《おん》をあらわすやくめ。

組《く》みひもは、たくさんの糸《いと》を組《く》みあわせて、太《ふと》いひもにする。だから、組《くみ》は、「くみたてられたもの」や、「くむこと」といういみにつかわれる。

かきじゅん　11かく

く 幺 幺 糸 糸 糸 糺 糺 紃 組 組

ことばのれい

組曲《くみきょく》・仕組《しく》み・番組《ばんぐみ》・骨組《ほねぐ》み・組織《そしき》

くんよみ　はしーる

走

おんよみ　ソウ

はやわかり　となえことば

ふたつのて
おおきくふって
走《はし》りだす

むかしのかん字

なりたち

走《はしーる・ソウ》は、人《ひと》が、両手《りょうて》をふって走《はし》るすがたからできた字《じ》。

むかしのかん字《じ》を見《み》ると、よくわかるね。

上《うえ》のは、えっさっさと、人《ひと》が走《はし》るかたち。

下《した》のは、足《あし》をあらわすかたち。

かきじゅん

一　十　土　キ　キ　赱　走

7かく

ことばのれい

走《はし》り書《が》き・走《はし》り高《たか》とび・走者《そうしゃ》・力走《りきそう》・完走《かんそう》・競走《きょうそう》・助走《じょそう》・暴走《ぼうそう》・逃走《とうそう》

おもしろいかん字《じ》のはなし③

足《あし》がもとになってできたかん字《じ》

あしが、外《そと》へ出《で》ていくかたち

出

あしが、めあての都市《とし》にすすんでいくかたち

正

左《ひだり》と右《みぎ》のあしが、一歩《いっぽ》ずつすすむかたち

歩

あしがたと、ひざのさらをあわせたかたち

足

人《ひと》が走《はし》るすがたの下《した》に、あしをかいたかたち

走

人《ひと》（儿）の上《うえ》に、あしあとをかいたかたち

先

どの字《じ》にも、この「あしがた」があるね。

止

音《おん》よみが「タ行《ぎょう》」のかん字《じ》

タ

くんよみ

おお-い

多

おんよみ

タ

むかしのかん字

はやわかり　となえことば

にく（夕）が
かさなりあって
多《おお》いこと

なりたち

多《おお─い・タ》は、肉《にく》がかさなったかたち。夕《ゆう》は、夕月《ゆうづき》ではなくて、切《き》った肉《にく》のかたちだよ。夕《ゆう》をかさねてかいて、神《かみ》にそなえたおそなえの肉《にく》が多《おお》いことをあらわした字《じ》。

かきじゅん　6かく

ノ　ク　夕　夕　多　多

ことばのれい

多数《たすう》・多少《たしょう》・多量《たりょう》・多種《たしゅ》・雑多《ざった》

くんよみ
ふと-い・ふと-る

太

おんよみ
タイ・タ

むかしのかん字

（泰）

はやわかり　となえことば

もとは泰《たい》
いまは太《たい》に
かわったじ

なりたち

太《タイ》は、泰《タイ》をかんたんにした字《じ》。

泰《たい》は、水《みず》におちた人《ひと》を、両手《りょうて》ですくいあげるかたちからできた字《じ》で、「やすらか」といういみ。「ゆたか」「大《おお》きい」といういみもある。

太《ふと-い・タイ》は、むかし、大《ダイ》と同《おな》じようないみでつかわれていた字《じ》だという。

でも、いまは、「太《ふと》い」と「大《おお》きい」とに、つかいわけられるようになった。

かきじゅん
一ナ大太
4かく

ことばのれい
肉太《にくぶと》・太陽《たいよう》・太古《たいこ》・太初《たいしょ》・丸太《まるた》

体

くんよみ　からだ

おんよみ　タイ

はやわかり　となえことば

あたまから　しっぽの　さきまで　ぜんぶの体《からだ》

むかしのかん字

（體）

なりたち

体《からだ・タイ》は、神《かみ》にささげた、けものの「からだ」。

ふつうは、切《き》った肉《にく》をおそなえにしたんだけれど、この字《じ》は、まるごとそなえたけものをあらわしている。そのけものの、体《からだ》ぜんたいのこと。

もとのかたちは體《タイ》。骨《ほね》という字《じ》がついているよ。

かきじゅん

ノ イ 仁 什 休 休 体

7かく

ことばのれい

体《からだ》・体育《たいいく》・体力《たいりょく》・体積《たいせき》・体験《たいけん》・人体《じんたい》・文体《ぶんたい》・天体《てんたい》・物体《ぶったい》

くんよみ

台

おんよみ

ダイ・タイ

むかしのかん字

（臺）

はやわかり　となえことば

矢《や》がさした
ところの
たてもの
台《だい》のもじ

なりたち

台《ダイ》の、もとのかたちは臺。ちょっとむずかしいね。

むかし、だいじなたてものをたてるときには、矢《や》をはなって、それが至《いた》りついたところにたてたのだという。それをあらわしたのが、臺《ダイ》なんだ。

そうしてたてた、高《たか》いたてものが、台《ダイ》のなりたち。

かきじゅん

5かく

ことばのれい

台地《だいち》・台形《だいけい》・台所《だいどころ》・灯台《とうだい》・土台《どだい》・台風《たいふう》・屋台《やたい》・舞台《ぶたい》

地

くんよみ

おんよみ　チ・ジ

むかしのかん字　墬（墬）

はやわかり　となえことば

かみさまが
地《ち》におりてくる
ところだよ

なりたち

地《チ》は、もとの字《じ》をかんたんにかくためにつくられたかん字《じ》。もともとの字《じ》は墬《つい》で、天《てん》の神《かみ》がおりたつところをあらわしている。墬《つい》のなかにある阝（こざとへん）は、神《かみ》がのぼったり、おりたりする、「はしご」をあらわすかたち。㒸は、神《かみ》にそなえるいけにえのけもの。

かきじゅん　6かく

一 十 土 㘤 圵 地

ことばのれい

地下《ちか》・地図《ちず》・大地《だいち》・天地《てんち》・地方《ちほう》・地位《ちい》・地面《じめん》・生地《きじ》・布地《ぬのじ》

池

くんよみ いけ

おんよみ チ

むかしのかん字

はやわかり となえことば

水《みず》をひいて
おにわに
池《いけ》を
つくります

なりたち

池《いけ・チ》は、氵（さんずい）と也《ヤ》とに分《わ》けられる字《じ》。
也《ヤ》は、水《みず》さしのかたち。水《みず》をくんでおくどうぐだよ。
池《いけ》とは、川《かわ》とはちがって、水《みず》がながれずに、たまっているところ。

かきじゅん 6かく
丶 冫 氵 汈 沑 池

ことばのれい
ため池《いけ》・電池《でんち》・貯水池《ちょすいち》

くんよみ　しーる

知

おんよみ　チ

むかしのかん字

はやわかり　となえことば

矢《や》をおいて　ちかった　ことばを　知《し》っておく

なりたち

知《しーる・チ》は、矢《や》と口《くち》（𠙵《サイ》）とを組《く》みあわせたかたち。

弓《ゆみ》の矢《や》は、たいせつなやくそく（ちかい）をあらわしている。

口《くち》（𠙵《サイ》）は、ここでは、神《かみ》さまのまえでちかうことのしるし。

だいじなちかいだから、わすれるはずはない。だから、「知《し》っている」ということなんだね。

かきじゅん　8かく

ノ　𠂉　𠂒　午　矢　矢　知　知

ことばのれい

知《し》りあい・物知《ものし》り・知人《ちじん》・知恵《ちえ》・知識《ちしき》・通知《つうち》

茶

くんよみ

おんよみ チャ・（サ）

はやわかり となえことば

お茶《ちゃ》の茶《ちゃ》
茶《ちゃ》いろの茶《ちゃ》
茶《ちゃ》わんの茶《ちゃ》

なりたち

茶《チャ》は、「おちゃ」の茶《ちゃ》。

この字《じ》のなりたちは、よくわかっていない。なぜなら、古《ふる》い時代《じだい》にかかれた書物《しょもつ》などに出《で》てこない字《じ》だからだ。ニガナという草《くさ》をあらわす、荼《と》という字《じ》を、ちょっとかんたんにした字《じ》なのだろうと、いわれている。

かきじゅん 9かく

一 十 艹 艹 艾 苂 苶 茶 茶

ことばのれい

茶《ちゃ》わん・紅茶《こうちゃ》・緑茶《りょくちゃ》・茶色《ちゃいろ》・茶道《さどう》・日常茶飯事《にちじょうさはんじ》

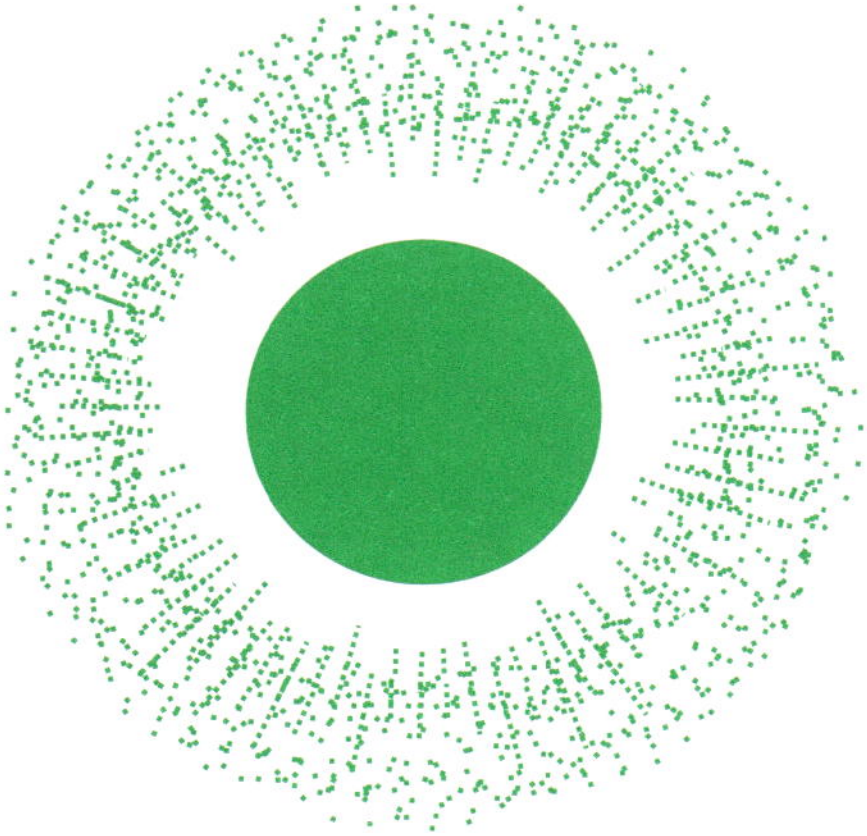

くんよみ ひる

おんよみ チュウ

昼

むかしのかん字

はやわかり となえことば

もとのじは かさを かぶった 昼《ひる》のたいよう

なりたち

昼《ひる・チュウ》の、もとのかたちは晝。ま昼《ひる》の太《たい》陽《よう》のまわりに、「かさ」をかいたかたちだ。

太陽《たいよう》の「かさ」とは、お日《ひ》さまのまわりに、まるく輪《わ》になった光《ひかり》が見《み》えること。

かさをかぶった、ま昼《ひる》の太陽《たいよう》のかたちが、やがて「ひるま」をあらわすようになったといわれている。

かきじゅん 9かく

ことばのれい

昼休《ひるやす》み・真昼《まひる》・昼夜《ちゅうや》・昼食《ちゅうしょく》

くんよみ　ながーい

長

おんよみ　チョウ

むかしのかん字

はやわかり　となえことば

かみのけは
としよりだけが
長《なが》くした

なりたち

おおむかしから、人《ひと》びとは、血《ち》のつながった一族《いちぞく》で、まとまってくらしていた。一族《いちぞく》をまとめるお年《とし》よりを「長《ちょう》老《ろう》」といった。

長《ながーい・チョウ》は、かみが長《なが》く、つえをついた、お年《とし》よりのすがたからできた字《じ》。

むかし、長老《ちょうろう》は、かみの毛《け》を長《なが》くのばしていたんだ。

かきじゅん　8かく

ことばのれい

長年《ながねん》・気長《きなが》・長女《ちょうじょ》・長方形《ちょうほうけい》・身長《しんちょう》・成長《せいちょう》・年長《ねんちょう》・特長《とくちょう》・市長《しちょう》

くんよみ　とり

鳥

おんよみ　チョウ

むかしのかん字

はやわかり　となえことば

よこむきに　とまった　すがた　鳥《とり》のもじ

なりたち

鳥《とり・チョウ》は、「とり」のすがたからできた字《じ》。

むかしのかん字を見《み》ると、ひと目《め》で、鳥《とり》だとわかる。とんでいるところではなくて、よこをむいて、とまったすがただね。

かきじゅん　11かく

′ 𠂆 卢 户 户 自 鳥 鳥 鳥 鳥 鳥

ことばのれい

鳥肉《とりにく》・鳥小屋《とりごや》・小鳥《ことり》・白鳥《はくちょう》・野鳥《やちょう》・一石二鳥《いっせきにちょう》

朝

くんよみ あさ

おんよみ チョウ

むかしのかん字

はやわかり となえことば

東《ひがし》のそうげん
日《ひ》がのぼり
西《にし》のそらには
月《つき》 みえる朝《あさ》

なりたち

日《ひ》がのぼるのは、東《ひがし》だね。そして、西《にし》の空《そら》には、まだ月《つき》がうっすらと見《み》えている。
そんな明《あ》け方《がた》のけしきをあらわした字《じ》が、朝《あさ・チョウ》だ。東《ひがし》の草原《そうげん》から日《ひ》がのぼるかたちが𠦝。ふりかえると、月《つき》がのこっているよ。

かきじゅん

12かく

ことばのれい

朝日《あさひ》・毎朝《まいあさ》・朝食《ちょうしょく》・朝礼《ちょうれい》・朝刊《ちょうかん》・王朝《おうちょう》・今朝《けさ》

くんよみ

直

なお-す
ただ-ちに

おんよみ

チョク・ジキ

むかしのかん字

はやわかり　となえことば

まちがいを
みつけて直《なお》す
とくべつな目《め》

なりたち

直《なお-す・チョク》という字《じ》のなかには、目《め》がある。むかしのかん字《じ》を見《み》ると、目《め》の上《うえ》にしるしがついている。このしるしは、ほんとうのことを見《み》ぬく力《ちから》をつよめるためのしるしなんだ。

直《なお-す・チョク》とは、真実《しんじつ》（ほんとうのこと）が見《み》える目《め》で、まっすぐにものを見《み》ること。乚は、その力《ちから》をおもてにださずに、かくしもっていることをあらわすかたち。

かきじゅん　8かく

一 十 𠂇 冇 冇 冇 直 直

ことばのれい

仲直《なかなお》り・手直《てなお》し・素直《すなお》・直線《ちょくせん》・直径《ちょっけい》・直前《ちょくぜん》・直後《ちょくご》・直接《ちょくせつ》・正直《しょうじき》

くんよみ
とお-る
かよ-う

通

おんよみ
ツウ

はやわかり となえことば

こっちから
むこうへ
通《とお》りぬけられる

むかしのかん字

通《とお-る・ツウ》という字《じ》を二《ふた》つに分《わ》けてみよう。

甬《（ヨウ）》は、つつのかたちをしたどうぐ。中《なか》がくうどうだから、ものが、とちゅうでつかえずに、むこうへ通《とお》りぬけられる。

そして、辶（しんにょう）は、「行《い》く」「すすむ」といういみをあらわす。

通《とお-る》は、トンネルみたいなところを通《とお》りぬけることをあらわした字《じ》。

かきじゅん 10かく

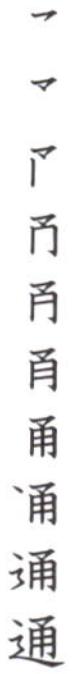

ことばのれい

通《とお》り雨《あめ》・大通《おおどお》り・夜通《よどお》し・見通《みとお》し・通学《つうがく》・通路《つうろ》・通知《つうち》・交通《こうつう》

くんよみ
おとうと

弟

おんよみ
ダイ・（テイ）

はやわかり　となえことば

弟《おとうと》のじは
じゅんばんに
ものを
たばねたかたち

むかしのかん字

なりたち

弟《おとうと・ダイ》は、ものをたばねたかたちからできた字《じ》。

じゅんじょをつけて、つづって、たばねることをあらわしている。

じゅんじょをつけることから、あとから生《う》まれた男《おとこ》の子《こ》の「おとうと」に、この字《じ》がつかわれるようになった。

かきじゅん

7かく

ことばのれい

弟《おとうと》・兄弟《きょうだい》・子弟《してい》・師弟《してい》・弟子《でし》

くんよみ　みせ

おんよみ　テン

店

はやわかり　となえことば

たてもののなかでものをうるお店《みせ》

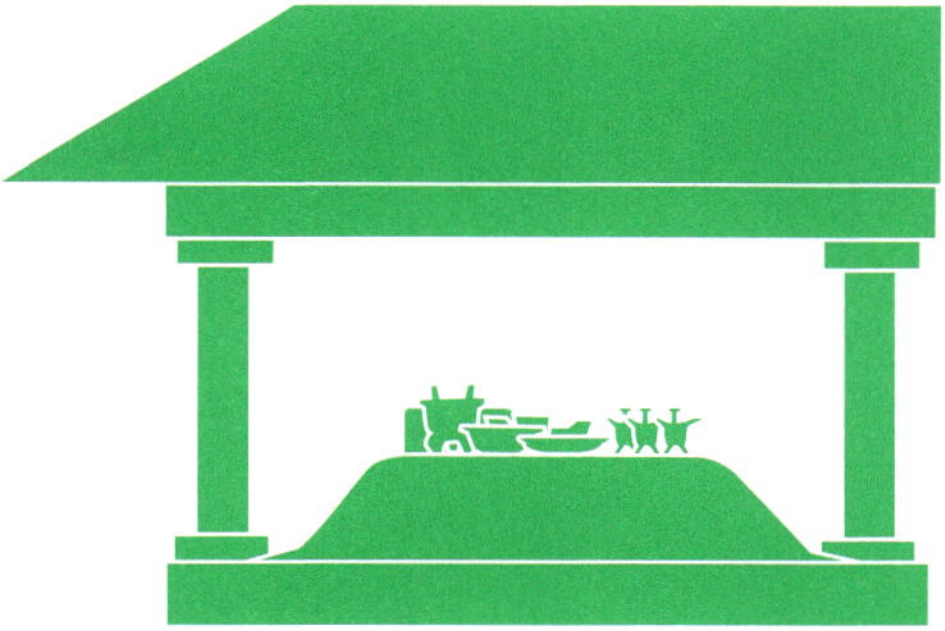

なりたち

もともと、店《みせ・テン》は、大《おお》きなたてもののすみっこにある、土《つち》でできた台《だい》をあらわした字《じ》だという。そこに、ものをまとめておいた。

やがて、ものをならべて売《う》る「みせ」のいみにつかわれるようになった。广（まだれ）は、たてもののやねのかたち。やねのかたがわだ。

かきじゅん　8かく

、亠广广庐庐店店

ことばのれい

店先《みせさき》・夜店《よみせ》・店長《てんちょう》・売店《ばいてん》・商店《しょうてん》・開店《かいてん》・閉店《へいてん》・来店《らいてん》

くんよみ

おんよみ テン

点

むかしのかん字

點（點）

はやわかり となえことば

、、、、と《てんてんてんてん》
黒《くろ》い点《てん》うつ
点《てん》のもじ

なりたち

点《テン》の、もともとのかたちは點。黒《くろ》と占《セン》とにわけられる字《じ》だ。黒《くろ》い小《ちい》さなてんてん（くろぼし）というみが、点《てん》のなりたち。

かきじゅん 9かく

ことばのれい

点火《てんか》・点数《てんすう》・点字《てんじ》・点検《てんけん》・満点《まんてん》・重点《じゅうてん》・地点《ちてん》・終点《しゅうてん》

くんよみ

電

おんよみ

デン

むかしのかん字

はやわかり　となえことば

雨《あめ》がふり　いなずま　はしる　電気《でんき》の電《でん》

なりたち

電《デン》は、雨（あめかんむり）と申《しん》とを組《く》みあわせたかたち。あわさるときに、申《しん》のたてせんが、くねっとまがった。

申《しん》は、かみなりのいなずまのかたちからできた字《じ》。いなずまは、自然界《しぜんかい》の電気《でんき》だ。

電《デン》は、雨《あめ》がふり、光《ひか》るいなずまがはしることをあらわした字《じ》。

かきじゅん

13かく

ことばのれい

電気《でんき》・電力《でんりょく》・電話《でんわ》・電車《でんしゃ》・電光《でんこう》・電子《でんし》・電流《でんりゅう》・発電《はつでん》・節電《せつでん》

くんよみ　かたな

刀

おんよみ　トウ

むかしのかん字

はやわかり　となえことば

ぴかぴかに　ひかる刀《かたな》は　よく切《き》れる

なりたち

刀《かたな・トウ》は、「かたな」のかたちからできた字《じ》。
刀《かたな》が、あわせかん字《じ》につかわれるときには、刀《かたな》のままのときと、刂（りっとう）のかたちになるときがあるよ。

！刀《かたな》のつくあわせかん字《じ》には、切《き》る、分《わ》ける、初《はつ》、券《けん》などがある。
刂（りっとう）のつく字《じ》には、列《れつ》、利《り》、前《まえ》などがある。

かきじゅん　2かく

フ刀

ことばのれい

小刀《こがたな》・短刀《たんとう》・木刀《ぼくとう》・名刀《めいとう》・竹刀《しない》

冬

くんよみ ふゆ

おんよみ トウ

むかしのかん字

はやわかり となえことば

糸《いと》のりょうはし むすんだかたちが 冬《ふゆ》につかわれ

なりたち

冬《ふゆ・トウ》の、むかしのかん字《じ》は、糸《いと》のりょうはしをむすんだかたちだよ。あとから、氷《こおり》をあらわす仌（冫）がついて、そこから冬《ふゆ》のかたちになった。

それが、「ふゆ」をあらわす字《じ》につかわれるようになった。

❗冬《トウ》は、終《シュウ》（おわり）のもとの字《じ》なんだ。糸《いと》のおわりをむすぶから、冬《トウ》に糸《いと》をつけて、終《シュウ》（おわり）という字《じ》がつくられた。

かきじゅん 5かく

ノ ク 夂 冬 冬

ことばのれい

冬休《ふゆやす》み・冬山《ふゆやま》・冬着《ふゆぎ》・真冬《まふゆ》・冬眠《とうみん》・冬季《とうき》・立冬《りっとう》

くんよみ あーたる

当

おんよみ トウ

むかしのかん字

當

（當）

はやわかり となえことば

もともとは
田《た》うえの
おまつり
あらわした当《とう》

なりたち

当《あーたる・トウ》の、もともとのかたちは當。尚《ショウ》と田《た》とに分《わ》けられる字《じ》だ。尚《ショウ》は、神《かみ》をまつるかたち。田《た》んぼの神《かみ》さまをまつって、田《た》うえをすることをあらわしている。田《た》うえに、ちょうどよいときをあらわすから、当《トウ》は、「あたる」「ぴったりあう」といういみにつかわれるようになった。

かきじゅん 6かく

丨 ⺌ ⺌ 当 当 当

ことばのれい

大当《おおあ》たり・心当《こころあ》たり・当番《とうばん》・当選《とうせん》・当日《とうじつ》・当然《とうぜん》・当分《とうぶん》・相当《そうとう》・本当《ほんとう》

くんよみ　ひがし

東

おんよみ　トウ

むかしのかん字

はやわかり　となえことば

ものをつめた
ふくろの
かたちが
東《ひがし》につかわれ

なりたち

東《ひがし・トウ》という字《じ》は、ふくろにものをつめて、上《うえ》と下《した》をしっかりとむすんだかたちからできた。

でも、いまは、ふくろのいみにつかわれることはなくて、東西南北《とうざいなんぼく》の「ひがし」をあらわす。

かきじゅん　8かく

ことばのれい

東風《ひがしかぜ》・東西《とうざい》・東南《とうなん》・東北《とうほく》・関東《かんとう》・東洋《とうよう》・中近東《ちゅうきんとう》

答

くんよみ
こた-え
こた-える

おんよみ
トウ

はやわかり　となえことば

ふたがぴったり
合《あ》うように
問《と》いにぴったり
合《あ》う答《こた》え

なりたち

答《こた-え・トウ》は、竹（たけかんむり）と合《ゴウ》とにわけられる字《じ》だよ。

合《ゴウ》は、うつわとふたが、ぴったり合《あ》うこと。はじめは、合《ゴウ》を「こたえ」のいみにつかっていた。あとになって、竹（たけかんむり）がついた。

答《こた-え》は、「計算《けいさん》がぴったり合《あ》うこと」をあらわしたかたち。

かきじゅん　12かく

ことばのれい

口答《くちごた》え・答案《とうあん》・答弁《とうべん》・回答《かいとう》・解答《かいとう》・返答《へんとう》・応答《おうとう》・自問自答《じもんじとう》

頭

くんよみ あたま（かしら）

おんよみ トウ・ズ

むかしのかん字

はやわかり となえことば

豆《とう》という
うつわにも
にた
頭《あたま》のかたち

なりたち

頭《あたま・トウ》という字《じ》に、どうして、豆《まめ》があるのかな。豆《トウ》は、せの高《たか》い食器《しょっき》のかたち。まめではないんだ。

右《みぎ》がわの頁（おおがい）は、ここでは、人《ひと》の首《くび》から上《うえ》のこと。

豆《トウ》という食器《しょっき》が、人《ひと》の首《くび》から上《うえ》のかたちににているので、頁（おおがい）をつけて、頭《あたま》をあらわす字《じ》になった。

かきじゅん 16かく

頭頭

ことばのれい

石頭《いしあたま》・頭文字《かしらもじ》・頭部《とうぶ》・先頭《せんとう》・年頭《ねんとう》・店頭《てんとう》・教頭《きょうとう》・頭上《ずじょう》・頭痛《ずつう》

くんよみ　おなーじ

同

おんよみ　ドウ

はやわかり　となえことば

同《おな》じところに
あつまって
おさけを
そそいだ
うつわの同《どう》

むかしのかん字

なりたち

同《おなーじ・ドウ》のなりたちは、おさけを入《い》れる「いれもの」なんだ。
そのいれものは、いろいろな氏族《しぞく》があつまって、合同《ごうどう》でおこなう儀式《ぎしき》につかわれた。
そこから、「おなじ」といういみになった。

かきじゅん　6かく

丨冂冂同同同

ことばのれい

同《おな》い年《どし》・同一《どういつ》・同行《どうこう》・同時《どうじ》・同性《どうせい》・同意《どうい》・同情《どうじょう》・一同《いちどう》・合同《ごうどう》・共同《きょうどう》

くんよみ　みち

おんよみ　ドウ

道

むかしのかん字

はやわかり　となえことば

おおむかし
てきの首《くび》もち
道《みち》をすすんだ

なりたち

古代《こだい》の人《ひと》びとは、よその地《ち》は、悪霊《あくりょう》のすむところだと考《かんが》えていた。だから、よその地《ち》へつうじる道《みち》は、敵《てき》の首《くび》をもって、はらいきよめた。

道《みち・ドウ》は、その、はらいきよめた「みち」をあらわした字《じ》。だから、この字《じ》には、首《くび》がある。きよめの儀式《ぎしき》には、人形《にんぎょう》の首《くび》でもよかったのかもしれない。

辶（しんにょう）は、「行《い》く」「すすむ」といういみをあらわしている。

かきじゅん　12かく

丶 丷 䒑 䒑 产 首 首 首 首 道 道 道

ことばのれい

道《みち》ばた・山道《やまみち》・道路《どうろ》・道具《どうぐ》・道理《どうり》・水道《すいどう》・車道《しゃどう》・赤道《せきどう》・書道《しょどう》

くんよみ

よ-む

読

おんよみ

ドク・トク

トウ

はやわかり　となえことば

だいじな文《ぶん》は　おおきな　こえで　読《よ》みあげる

讀

むかしのかん字

なりたち

読《よ-む・ドク》は、さいしょ、いのりのことばや、役人《やくにん》を任命《にんめい》する書《しょ》を、声《こえ》にだして読《よ》みあげることをあらわしていた。読《よ-む》の、もとのかたちは讀。言（ごんべん）と賣《ショク》だ。賣《ショク》のつく字《じ》は、「つづく」「つづける」といういみがあるよ。

❗賣《ショク》に糸（いとへん）がついた字《じ》が、続《ゾク》（つづく）。糸《いと》は、ながく続《つづ》いているからだね。

かきじゅん

14かく

ことばのれい

読《よ》み手《て》・音読《おんよ》み・訓読《くんよ》み・読書《どくしょ》・読者《どくしゃ》・読本《とくほん》・句読点《くとうてん》

おもしろいかん字《じ》のはなし④

「雨《あめ》」のなかま

「雲《くも》」「電《でん》」「雪《ゆき》」は、
「雨《あめ》」（あめかんむり）という
おなじ目《め》じるしのかたちをもつ
「なかまのかん字《じ》」だ。
その目《め》じるしを「部首《ぶしゅ》」というよ。

音《おん》よみが「ナ行《ぎょう》」「ハ行《ぎょう》」のかん字《じ》

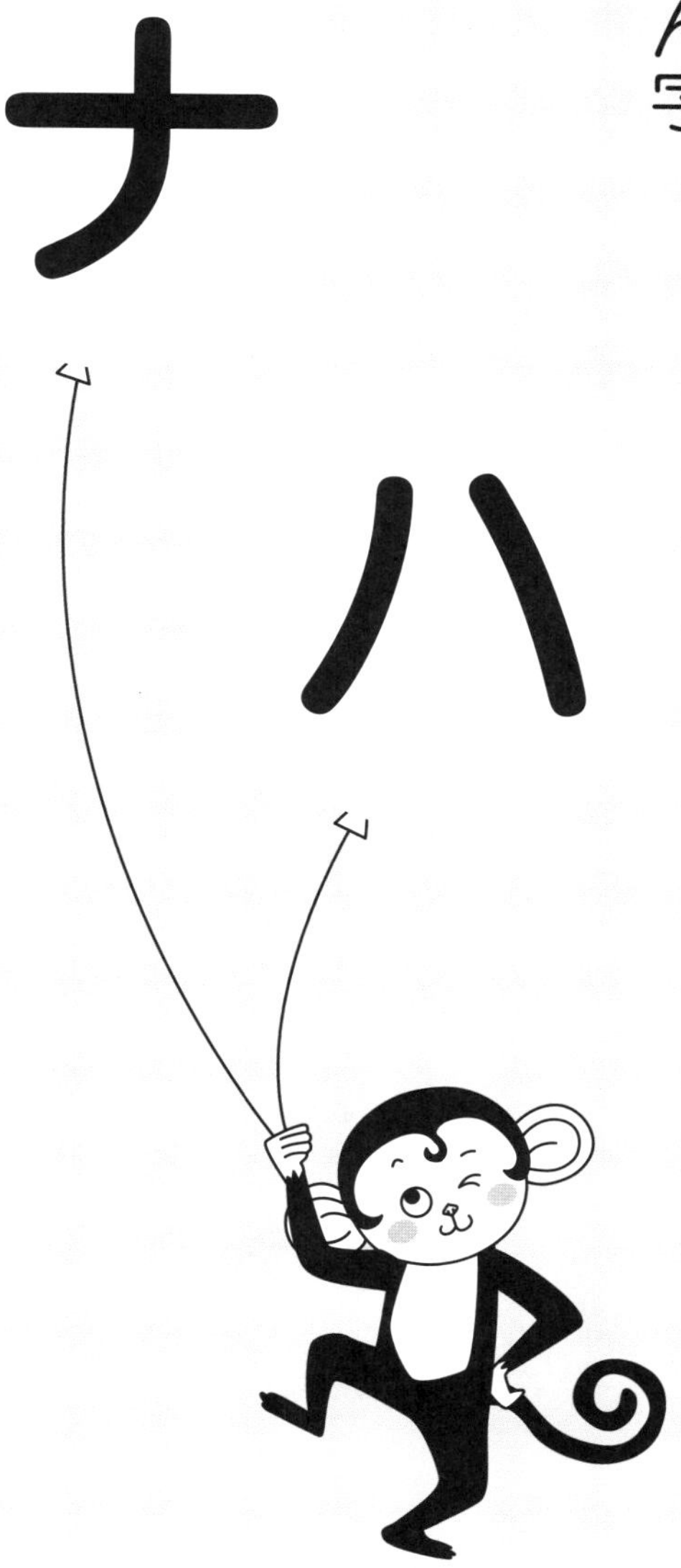

くんよみ うち

内

おんよみ ナイ

はやわかり となえことば

いりぐちから
はいれば
そこは
いえの内《うち》

むかしのかん字

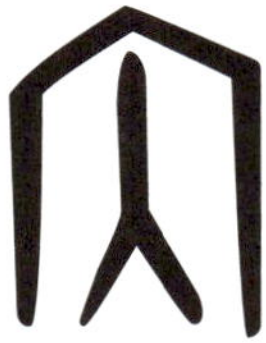

なりたち

内《うち・ナイ》は、いえの入《い》り口《ぐち》のかたちからできた字《じ》。
内《ナイ》は、入《い》り口《ぐち》からはいった「うち」「いえのなか」をあらわしている。

❗むかしのかん字《じ》をくらべてみよう。

内《うち》

入《はいーる》

かきじゅん

丨 冂 内 内

4かく

ことばのれい

内気《うちき》・内側《うちがわ》・身内《みうち》・内部《ないぶ》・校内《こうない》・国内《こくない》・室内《しつない》・以内《いない》・案内《あんない》

くんよみ

南

みなみ

おんよみ

ナン

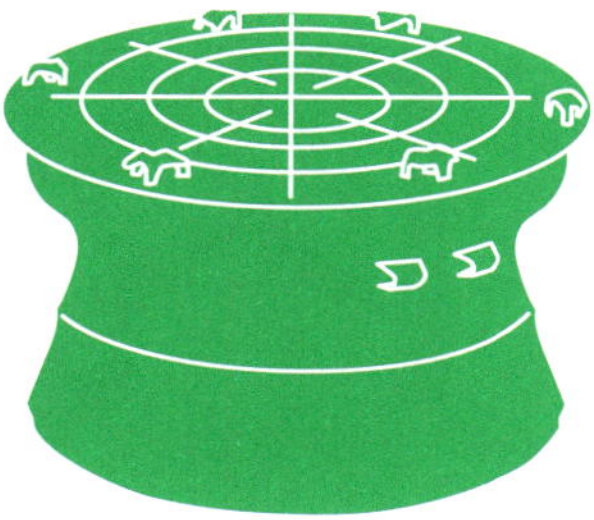

むかしのかん字

はやわかり　となえことば

南《みなみ》の人《ひと》びと
うちならす
がっきのかたち
南《なん》のもじ

なりたち

南《みなみ・ナン》は、「南任《なんじん》」という楽器《がっき》のかたちからできた字《じ》なんだ。つりさげて、打《う》って、鳴《な》らした。

その楽器《がっき》は、南《みなみ》にすむ一族《いちぞく》の楽器《がっき》だった。やがて、南《ナン》が、「みなみ」のいみにつかわれるようになった。

かきじゅん　9かく

一 十 𠂇 冇 冇 冇 冇 冇 南

ことばのれい

南風《みなみかぜ》・南半球《みなみはんきゅう》・南国《なんごく》・南東《なんとう》・南極《なんきょく》

くんよみ

肉

おんよみ

ニク

むかしのかん字

はやわかり　となえことば

きんにくの
かたちから
できた
肉《にく》のもじ

なりたち

肉《ニク》は、切《き》りとったなまの「にく」のかたちからできた字《じ》。むかし、神《かみ》や先祖《せんぞ》をまつるときに、肉《にく》をそなえたんだよ。

！肉《ニク》は、あわせかん字《じ》のときは、月（にくづき）のかたちになるよ。育《いく》（そだつ）・胃《い》・腸《ちょう》・胸《むね》・肺《はい》・腹《はら》・背《せ》などだ。どれも「からだ」にかかわる字《じ》だね。

かきじゅん　6かく

丨冂内内肉肉

ことばのれい

肉食《にくしょく》・肉体《にくたい》・肉声《にくせい》・肉親《にくしん》・肉眼《にくがん》・牛肉《ぎゅうにく》・鳥肉《とりにく》・魚肉《ぎょにく》・果肉《かにく》・筋肉《きんにく》

くんよみ　うま・ま

馬

おんよみ　バ

はやわかり　となえことば

しほんあし
たてがみ
ふって
はしる馬《うま》

むかしのかん字

なりたち

馬《うま・バ》は、たてがみのある「うま」のすがたからできた字《じ》。

むかしのかん字《じ》をじっと見《み》ていると、「なるほど、うまだ！」ってわかるだろう。

たてがみ、あし、しっぽがある。馬《うま》をよこから見《み》たところだよ。

かきじゅん　10かく

馬馬馬馬馬

ことばのれい

馬《うま》とび・馬車《ばしゃ》・馬力《ばりき》・名馬《めいば》・群馬県《ぐんまけん》

売

くんよみ　う－る

おんよみ　バイ

むかしのかん字

賣

（賣）

はやわかり　となえことば

買《か》ったものが 出《で》ていく かたちの 売《う》るのもじ

なりたち

売《うーる・バイ》の、もともとのかたちは賣。この字《じ》をよく見《み》てごらん。

下《した》のぶぶんは、買《かーう》という字《じ》。

上《うえ》の士《し》は、むかしのかん字《じ》では㞢で、出《でーる》だったんだ。

だから、売《うーる》は、買《かーう》と出《でーる》とを組《く》みあわせたかたちで、「買《か》ったものが出《で》ていく」ということ。

かきじゅん

7かく

ことばのれい

売《う》り場《ば》・売《う》り切《き》れ・安売《やすう》り・前売《まえう》り・売店《ばいてん》・発売《はつばい》・商売《しょうばい》

くんよみ　かう

買

おんよみ　バイ

むかしのかん字

はやわかり　となえことば

あみで貝《かい》をすくうようにものを買《か》う

なりたち

買《かーう・バイ》は、罒（网《あみ》）と貝《かい》とを組《く》みあわせたかたち。

貝《かい》をあみですくいとるように、たくさんの貝《かい》を手《て》にいれることをあらわしている。

貝《かい》はむかし、たからものとされ、お金《かね》としてもつかわれた。だから、買《かーう》にも、売《うーる》（賣）にも、貝《かい》がついているんだよ。

かきじゅん　12かく

ことばのれい

買《か》い物《もの》・買《か》い出《だ》し・買収《ばいしゅう》・不買《ふばい》・売買《ばいばい》

くんよみ むぎ

麦

おんよみ （バク）

むかしのかん字

はやわかり となえことば

ふゆがきた 麦《むぎ》ふみをして ねをまもろう

麦《むぎ・バク》は、「むぎ」のこと。でも、もともとは、来《らい》（來）が、むぎをあらわす字《じ》だった。

それが、なぜか、「くる」といういみにつかわれるようになったので、来《らい》（來）に、足《あし》のかたちの夊《（すい）》をたして、麦《むぎ》（麥）の字《じ》をつくった。

麦《むぎ》は、「麦《むぎ》ふみ」をあらわすかたち。麦《むぎ》ふみとは、じょうぶな麦《むぎ》をそだてるために、麦《むぎ》の芽《め》を足《あし》でふむこと。

（来《く-る》のなりたちは、180ページを見《み》てね。）

かきじゅん

7かく

ことばのれい

麦畑《むぎばたけ》・麦茶《むぎちゃ》・大麦《おおむぎ》・小麦《こむぎ》・麦秋《ばくしゅう》

半

くんよみ
なか-ば

おんよみ
ハン

むかしのかん字

はやわかり　となえことば

半《はん》のじは
牛《うし》を半分《はんぶん》にするかたち

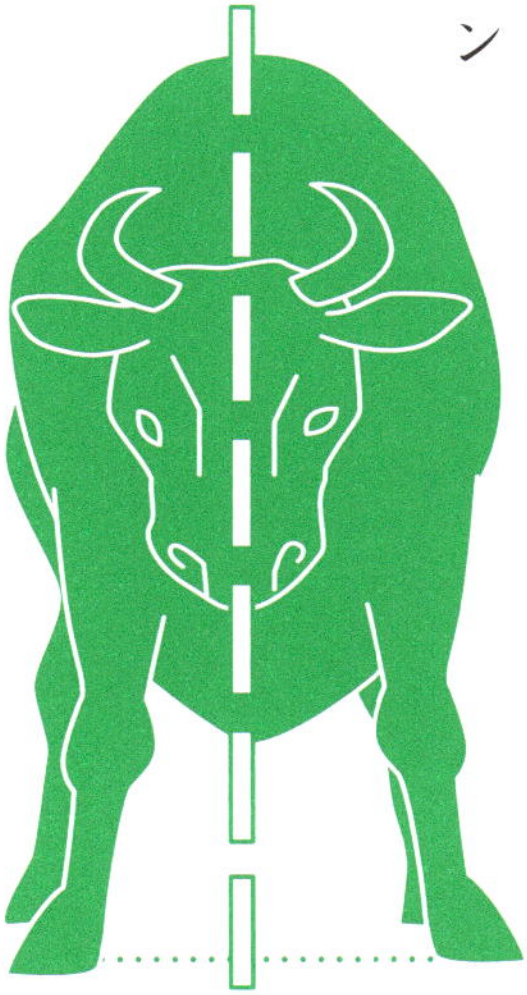

なりたち

半《なかーば・ハン》の、むかしのかん字《じ》を見《み》てごらん。八《はち》と牛《うし》があわさっているよ。八《はち》は、ものをまっぷたつにすること。だから、半《ハン》は、牛《うし》の体《からだ》を二《ふた》つにすることをあらわした字《じ》だ。

むかし、牛《うし》は、神《かみ》へのささげものにされた。牛《うし》はとても大《おお》きいけものだから、まずは半分《はんぶん》にしたんだろう。

かきじゅん　5かく

丶 丷 䒑 兰 半

ことばのれい

半《なか》ば・半分《はんぶん》・半円《はんえん》・半音《はんおん》・前半《ぜんはん》・後半《こうはん》・大半《たいはん》・夜半《やはん》

くんよみ

番

おんよみ

バン

むかしのかん字

はやわかり　となえことば

もともとは
けもののあしうら
順番《じゅんばん》の番《ばん》

なりたち

番《バン》という字《じ》は、けものの足《あし》のうらのかたちからできた。

上《うえ》の采が、けもののつめで、下《した》の田のかたちは、足《あし》のうらのふくふくしたところ。

けものがあるくときには、足《あし》が、かわるがわる前《まえ》に出《で》る。それで、番《バン》は、かわるがわる番《ばん》につく、というみにつかわれるようになった。「順番《じゅんばん》」や「当番《とうばん》」など、かわるがわる番《ばん》につく、というみにつかわれるようになった。

かきじゅん

12かく

ことばのれい

番号《ばんごう》・番地《ばんち》・番組《ばんぐみ》・番人《ばんにん》・一番《いちばん》・当番《とうばん》・交番《こうばん》

くんよみ ちち

おんよみ フ

父

むかしのかん字

はやわかり となえことば

おのを手《て》に はたらく すがたの 父《ちち》のもじ

なりたち

父《ちち・フ》は、おの（まさかり）を手《て》にもったかたちからできた字《じ》。

かん字《じ》をつくった人《ひと》たちは、人《ひと》のえらさをあらわすのに、おののかたちをつかった。リーダーのしるしだね。

！「王《おう》さま」の王《おう》や、「戦士《せんし》」の士《し》も、おののかたちからできた字《じ》だよ。

かきじゅん 4かく

ノ ハ 𠂊 父

ことばのれい

父親《ちちおや》・父方《ちちかた》・父兄《ふけい》・父母《ふぼ》・祖父《そふ》・老父《ろうふ》・神父《しんぷ》・父《とう》さん

くんよみ　かぜ・かざ

風

おんよみ　フウ

むかしのかん字

（鳳）

はやわかり　となえことば

いきもののすがたのかみが風《かぜ》をよぶ

なりたち

風《かぜ・フウ》をあらわす字《じ》は、はじめ、大空《おおぞら》をとびめぐる鳳《おおとり》（ほうおう）のかたちだった。鳥《とり》のすがたをした神《かみ》が、風《かぜ》をおこすと、古代《こだい》の人《ひと》びとは考《かんが》えていたからだ。

いまの風《かぜ》の字《じ》には、虫《むし》があるね。この虫《むし》は、竜《りゅう》などの「生《い》きもの」をあらわしている。むかしの人《ひと》は、生《い》きもののすがたをした神《かみ》さまが、風《かぜ》をおこすと考《かんが》えていたんだ。

かきじゅん　9かく

丿 几 凡 凡 凨 凨 風 風 風

ことばのれい

北風《きたかぜ》・風向《かざむ》き・風力《ふうりょく》・風船《ふうせん》・風土《ふうど》・台風《たいふう》・風景《ふうけい》・古風《こふう》

くんよみ　わーける

分

おんよみ　ブン・フン・ブ

はやわかり　となえことば

ひとつのものを 刀《かたな》でふたつに 分《わ》けること

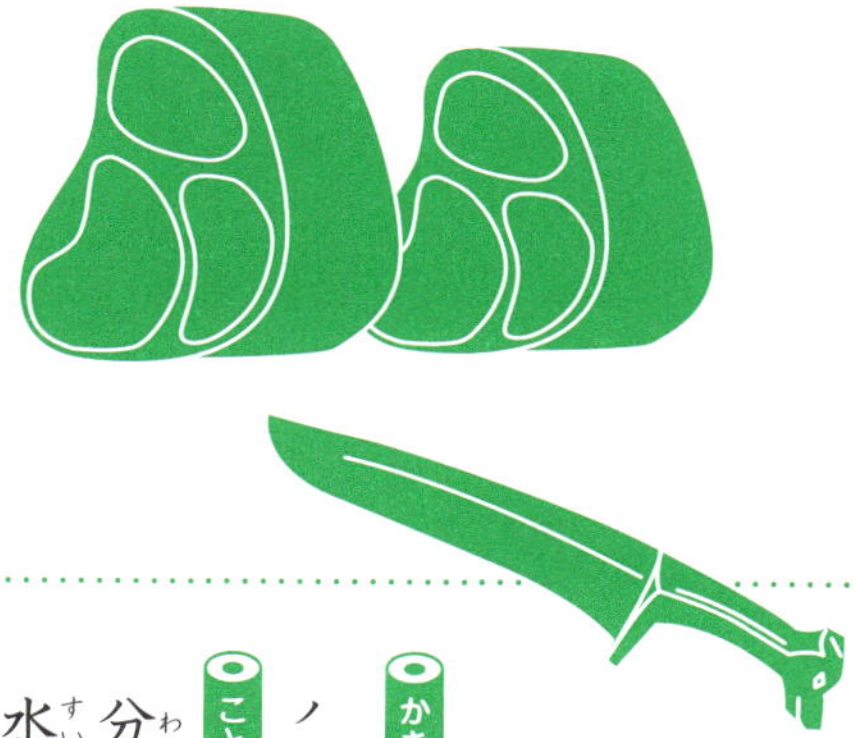

むかしのかん字

なりたち

分《わーける・フン》は、八《はち》と刀《かたな》とを組《く》みあわせたかたち。
八《はち》は、ものをまっぷたつにすることをあらわす。
だから、「刀《かたな》でものを二《ふた》つにわける」というのが、分《わーける》のなりたち。

かきじゅん

ノ 八 分 分

4かく

ことばのれい

分《わ》け目《め》・引《ひ》き分《わ》け・分数《ぶんすう》・分解《ぶんかい》・水分《すいぶん》・人数分《にんずうぶん》・五分間《ごふんかん》・五分五分《ごぶごぶ》

くんよみ

聞

きーく

おんよみ

ブン

むかしのかん字

はやわかり　となえことば

おおむかし
かみさまの
こえを聞《き》けるひと

なりたち

聞《きーく・ブン》の、むかしのかん字《じ》を見《み》てごらん。耳《みみ》を大《おお》きくかいた人《ひと》のかたちだよ。

ふつうの人《ひと》には聞《き》けないことも、聞《き》くことができる人《ひと》のことをあらわしている。

ずっとあとになって、門《もん》のなかに耳《みみ》がある、いまのかたちになった。この門《もん》は、先祖《せんぞ》をまつるたてものの門《もん》をあらわしている。

かきじゅん　14かく

ことばのれい

聞《き》き耳《みみ》・立《た》ち聞《ぎ》き・新聞《しんぶん》・見聞《けんぶん》・外聞《がいぶん》

くんよみ　こめ

おんよみ　ベイ・マイ

米

むかしのかん字

はやわかり　となえことば

みのったら ばらばらにして 米《こめ》とする

なりたち

米《こめ・マイ》は、イネのほと、みのった実《み》のかたちからできた字《じ》。その実《み》とは、もちろん「こめ」のこと。

むかしのかん字《じ》を見《み》ると、それがわかるね。

かきじゅん

6かく

ことばのれい

米屋《こめや》・もち米《ごめ》・米作《べいさく》・米価《べいか》・米国《べいこく》・新米《しんまい》・白米《はくまい》

くんよみ
あるーく
あゆーむ

歩

おんよみ
ホ

むかしのかん字

はやわかり　となえことば

みぎあしと
ひだりのあしで
歩《ある》きだす

なりたち

歩《あるーく・ホ》の、むかしのかん字《じ》を見《み》てみよう。と。これは、左足《ひだりあし》と右足《みぎあし》の、足《あし》あとなんだ。歩《あるーく》という字《じ》は、両方《りょうほう》の足《あし》をかわるがわる出《だ》して、前《まえ》にすすんでいくことをあらわしている。「止《と》まるのが少《すく》ない」といういみではないんだね。

かきじゅん　8かく

丨 ト 圤 止 𣥂 𣥂 歩 歩

ことばのれい

早歩《はやある》き・歩《あゆ》み・歩行《ほこう》・歩道《ほどう》・初歩《しょほ》・徒歩《とほ》・進歩《しんぽ》

くんよみ　はは

母

おんよみ　ボ

むかしのかん字

はやわかり　となえことば

ふたつ
てん
おおきな
おっぱい
母《はは》のもじ

なりたち

母《はは・ボ》は、むねにちぶさのある、女《おんな》の人《ひと》のすがたからできた字《じ》。手《て》をまえに組《く》んで、すわっているすがた。

！母《はは》と女《おんな》は、むかしのかん字《じ》がよくにているよ。（母《はは》）の「てんてん」をとると、（女《おんな》）の字《じ》になるね。

かきじゅん

5かく

ことばのれい

母親《ははおや》・母方《ははかた》・母校《ぼこう》・母子《ぼし》・母体《ぼたい》・母音《ぼいん》・父母《ふぼ》・分母《ぶんぼ》・祖母《そぼ》・母《かあ》さん

くんよみ　かた

方

おんよみ　ホウ

はやわかり　となえことば

おおむかし
むらの
四方《しほう》にした
まよけ

むかしのかん字

なりたち

方《ホウ》は、横《よこ》にわたした木《き》に、つり下《さ》げられた人《ひと》のかたちからできた字《じ》。敵《てき》が入《はい》ってこないようにするまじないで、ほかの国《くに》とのさかいめの場所《ばしょ》にした。

もともとは、人《ひと》を下《さ》げたというけれど、のちには、まじないの人形《にんぎょう》でもよかったのだろう。

方《ホウ》は、「国《くに》ざかい」や「遠《とお》いところ」といういみをあらわした。

かきじゅん　4かく

、亠亢方

ことばのれい

書《か》き方《かた》・味方《みかた》・親方《おやかた》・方角《ほうがく》・方向《ほうこう》・方法《ほうほう》・両方《りょうほう》・前方《ぜんぽう》・正方形《せいほうけい》

くんよみ　きた

北

おんよみ　ホク

むかしのかん字

はやわかり　となえことば

ふたりの
人《ひと》が
せなか
あわせの
北《きた》のもじ

なりたち

北《きた・ホク》は、二人《ふたり》の人《ひと》が、せなかあわせになっているかたち。

北《きた》は、さいしょ、「せなか」をあらわす字《じ》だったんだ。むかし、儀式《ぎしき》のときに、王《おう》さまが南《みなみ》をむいてすわった。すると、せなかは北《きた》をむく。そこから、方角《ほうがく》の「きた」をあらわすようになった。

！あとから、北《きた》に月（にくづき）をくわえて、せなかの背《せ》という字《じ》がつくられた。

かきじゅん　5かく

ことばのれい

北国《きたぐに》・北風《きたかぜ》・北東《ほくとう》・北海道《ほっかいどう》・南北《なんぼく》

おもしろいかん字《じ》のはなし⑤

「日《ひ》」のなかま

こんどは、「日《ひ》」のつく「なかまのかん字《じ》」だよ。
「日《ひ》」のかたちをたしかめよう。

時　とき
86ページ

曜　ヨウ
179ページ

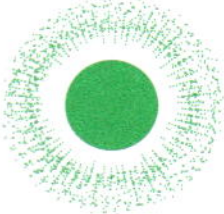

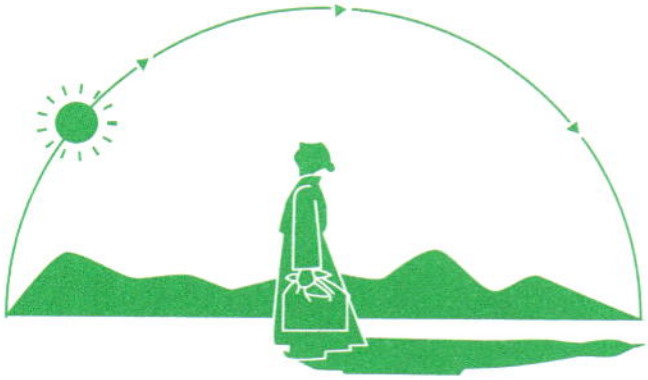

昼　ひる
126ページ

春　はる
93ページ

晴　は－れる
107ページ

音《おん》よみが「マ行《ぎょう》」「ヤ行《ぎょう》」「ラ行《ぎょう》」「ワ行《ぎょう》」のかん字《じ》

マ ヤ ラ ワ

くんよみ

毎

おんよみ

マイ

むかしのかん字

はやわかり　となえことば

かみをゆい
母《はは》が毎日《まいにち》　おまいりをする

なりたち

毎《マイ》は、毎日《まいにち》とか毎回《まいかい》とかにつかう字《じ》で、「そのたびごと」といういみだ。でも、なりたちは、あたまにかんざしをさした、母《はは》のすがた。毎《マイ》は、きかざって、神《かみ》さまのまえで、せっせとはたらく女《おんな》の人《ひと》をあらわしていた。でも、いまはもう、そのいみでつかわれることはない。

かきじゅん　6かく

ことばのれい

毎日《まいにち》・毎朝《まいあさ》・毎週《まいしゅう》・毎年《まいとし》・毎度《まいど》

くんよみ いもうと

おんよみ （マイ）

妹

むかしのかん字

はやわかり となえことば

おんなへんに
未《み》をかいて
妹《いもうと》のこと

なりたち

妹《いもうと》は、女（おんなへん）に未《み》とかく字《じ》だね。もちろん、「あね・いもうと」の「いもうと」をあらわす。なりたちは、よくわかっていないが、むかしから、「いもうと」のいみにつかわれる字《じ》だった。

かきじゅん

8かく

ことばのれい

妹《いもうと》・姉妹《しまい》

くんよみ

万

おんよみ

マン・（バン）

むかしのかん字

（萬）

はやわかり　となえことば

さそりの
かたちが
すうじの
万《まん》（萬）に
つかわれた

なりたち

万《マン》の、もともとのかたちは萬。
どくのある、サソリのかたちからできた字《じ》だという。
でも、サソリのいみにつかわれることはなく、数字《すうじ》の万《まん》をあらわす字《じ》となった。
萬《マン》をかんたんにかくために、万《マン》がつかわれてきたんだよ。

かきじゅん

一　ｱ　万

3かく

ことばのれい

一万円《いちまんえん》・万年雪《まんねんゆき》・万事《ばんじ》・万全《ばんぜん》・万能《ばんのう》

明

くんよみ
あか-るい・あ-ける
あき-らか

おんよみ
メイ・ミョウ

はやわかり　となえことば

まどから
月《つき》のひかりが
さしこんで
明《あか》るい

むかしのかん字

なりたち

明《あか-るい・メイ》の、むかしのかん字《じ》は。は、まどのかたち。はお月《つき》さま。

明《あか-るい》は、まどから月《つき》の光《ひかり》がさしこむことをあらわした字《じ》。

かきじゅん

丨　冂　冃　日　日丿　明　明　明

8かく

ことばのれい

明《あ》け方《がた》・夜明《よあ》け・明暗《めいあん》・発明《はつめい》・説明《せつめい》・明朝《みょうちょう》・明星《みょうじょう》・明日《あす》

くんよみ　なーく・なーる

鳴

おんよみ　メイ

むかしのかん字

はやわかり　となえことば

おおむかし
鳥《とり》の鳴《な》きごえで
うらなった

なりたち

むかし、鳥《とり》のなきごえで、うらないをした。それが、鳴《なーく・メイ》のなりたち。「鳥《とり》が口《くち》で鳴《な》くこと」というのは、ちょっとちがうんだ。鳴《なーく》は、口《くち》（𠙵《サイ》）と鳥《とり》をあわせたかたち。𠙵《サイ》は、ここでは、神《かみ》のことばをあらわしている。

かきじゅん　14かく

丨 ㄇ 口 口' 口' 口ｲ 口ｲ 口ｲ 口ｲ 鳴 鳴 鳴 鳴 鳴

ことばのれい

鳴《な》き声《ごえ》・海鳴《うみな》り・耳鳴《みみな》り・高鳴《たかな》り・共鳴《きょうめい》・悲鳴《ひめい》

くんよみ け

毛

おんよみ モウ

むかしのかん字

はやわかり　となえことば

**ふさふさと
ながくのびてる
あたまの毛《け》**

なりたち

毛《け・モウ》は、長《なが》くたれているかみの毛《け》からできた字《じ》。
人《ひと》や動物《どうぶつ》の毛《け》のことをあらわす。

！手《て》と毛《け》は、かたちがにているね。ちがうところはひとつ。手《て》は亅（てかぎ）で、毛《け》はし（つりばり）と、画《かく》に名《な》まえをつけておぼえると、はっきりするよ。

かきじゅん

ノ　ニ　三　毛

4かく

ことばのれい

毛糸《けいと》・毛虫《けむし》・毛皮《けがわ》・毛布《もうふ》・毛筆《もうひつ》・毛細《もうさい》・羽毛《うもう》

くんよみ （かど）

門

おんよみ モン

むかしのかん字

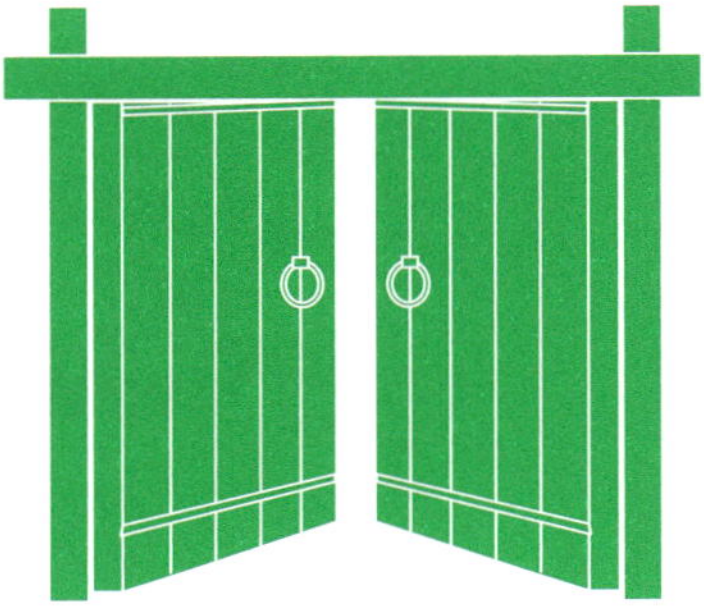

はやわかり　となえことば

りょうがわに
ひらいて
人《ひと》がとおる門《もん》

なりたち

門《モン》の、むかしのかん字《じ》を見《み》れば、「なるほど！」と、なっとくできるだろう。まさに、門《もん》のかたちだね。

！「開《ひら》く」や「閉《と》じる」の字《じ》にも、門《もん》があるよ。そして、門《もん》のとびらの、かたほうだけのかたちからできたのが、戸《と》。

（戸《と》のなりたちは、53ページを見《み》てね。）

かきじゅん　8かく

丨 冂 户 户 門 門 門 門

ことばのれい

門番《もんばん》・門戸《もんこ》・校門《こうもん》・正門《せいもん》・入門《にゅうもん》・部門《ぶもん》・専門《せんもん》・名門《めいもん》・門出《かどで》・門松《かどまつ》

くんよみ よる・よ

夜

おんよみ ヤ

むかしのかん字

はやわかり となえことば

月《つき》(夕)がでて 人《ひと》かげできる 夜《よる》のこと

なりたち

いまのかたちからは、わからないけれど、夜《よる・や》は、大《だい》と夕《ゆう》からできた字《じ》なんだ。

大《だい》は、立《た》つ人《ひと》のすがた。この字《じ》では、そのかげのかたち。

夕《ゆう》は、ここでは、空《そら》の月《つき》。月《つき》の光《ひかり》に、人間《にんげん》のかげができるときが夜《よる》。それをあらわした字《じ》だ。

かきじゅん 8かく

、亠广庂庂夜夜夜

ことばのれい

夜《よる》・夜中《よなか》・夜明《よあ》け・今夜《こんや》・夜間《やかん》・前夜《ぜんや》・昼夜《ちゅうや》

野

くんよみ　の

おんよみ　ヤ

はやわかり　となえことば

野《の》のもとは　しばをかる山《やま》の　まもりがみ

むかしのかん字

（埜）

なりたち

野《の・ヤ》は、里（さとへん）と予《ヨ》とに分《わ》けられるよ。

里《さと》は、土地《とち》の神《かみ》にまもられた田《た》んぼをあらわすかたち。予《ヨ》は、音《おん》をあらわすぶぶん。

野《の》は、土地《とち》の神《かみ》さまにまもられた原《げん》野《や》をあらわした字《じ》だ。

むかしのかん字《じ》のかたちは埜《の》。あとから、いまのかたちの字《じ》ができた。

かきじゅん　11かく

丨 冂 日 日 甲 甲 里 里 野 野 野

ことばのれい

野原《のはら》・野外《やがい》・野草《やそう》・野球《やきゅう》・野生《やせい》・平野《へいや》・分野《ぶんや》

くんよみ　とも

友

おんよみ　ユウ

むかしのかん字

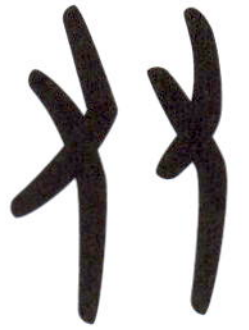

はやわかり　となえことば

**手《て》をにぎり
やくそく
かわす
友《とも》と友《とも》**

なりたち

友《とも・ユウ》は、又《また(ユウ)》と又《また(ユウ)》とを組《く》みあわせたかたち。又《また(ユウ)》は、右手《みぎて》のかたちなんだよ。手《て》と手《て》をとりあって、たすけあうことをあらわしている。それで、「ともだち」のいみにつかわれる。

かきじゅん

一ナ方友　4かく

ことばのれい

友《とも》だち・友人《ゆうじん》・友好《ゆうこう》・友情《ゆうじょう》・親友《しんゆう》

くんよみ　もちーいる

用

おんよみ　ヨウ

むかしのかん字

はやわかり　となえことば

用《よう》のじは　木《き》をくんで　つくった　かきねだよ

なりたち

用《もちーいる・ヨウ》は、木《き》を組《く》んでつくった、さく、のかたちからできた字《じ》。むかし、さくのなかで、祭《まつ》りにささげるけものを飼《か》っていた。用《ヨウ》は、いけにえとして「もちいる」（つかう）というのが、もともとのいみだったんだ。

かきじゅん　5かく

丿　冂　月　月　用

ことばのれい

用水《ようすい》・用意《ようい》・用心《ようじん》・用紙《ようし》・利用《りよう》・使用《しよう》・活用《かつよう》・急用《きゅうよう》

くんよみ

曜

おんよみ ヨウ

はやわかり となえことば

たいようの
かがやき あらわす
日曜《にちよう》の曜《よう》

なりたち

曜《よう》は、「日曜日《にちようび》」「月曜日《げつようび》」など、一週間《いっしゅうかん》の曜日《ようび》につかわれる字《じ》だね。もともとのいみは、太陽《たいよう》の光《ひかり》が、明《あか》るくかがやくこと。
お日《ひ》さまの日（ひへん）と、翟《テキ》とに分《わ》けられる字《じ》。翟《テキ》は、鳥《とり》がとびたとうとするときの、はばたきをあらわすかたち。

かきじゅん

18かく

ことばのれい

曜日《ようび》・日曜《にちよう》・月曜《げつよう》・火曜《かよう》・水曜《すいよう》・木曜《もくよう》・金曜《きんよう》・土曜《どよう》

くんよみ

来

くーる

おんよみ

ライ

むかしのかん字

はやわかり　となえことば

もとはムギ
ムギから
できた
来《く》るのもじ

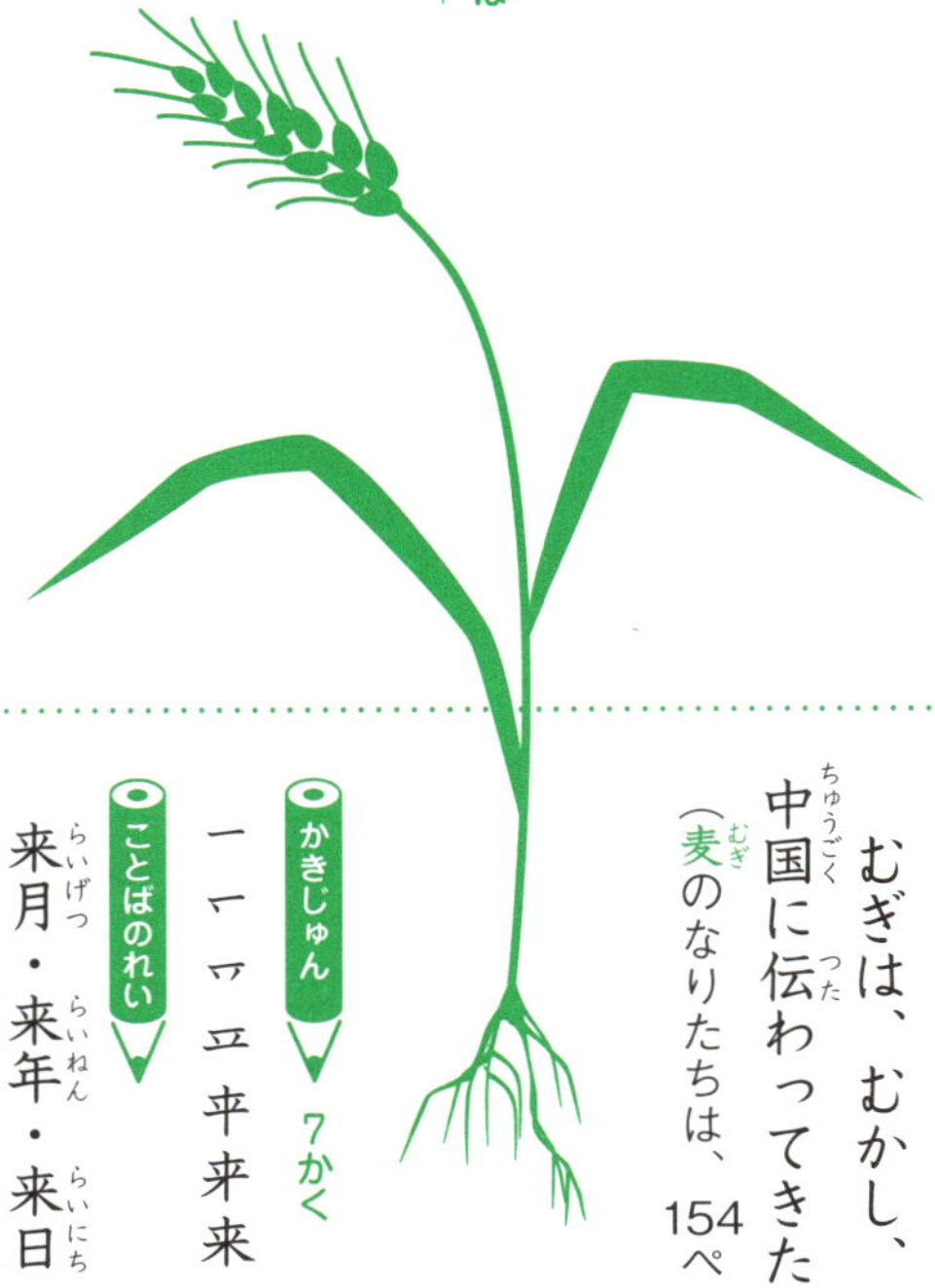

来《くーる・ライ》は、むぎのかたちからできた字《じ》。

でも、それが「くる」といういみにつかわれるようになったので、べつに、麦《むぎ》の字《じ》がつくられたんだ。

むぎは、むかし、はるか西《にし》の国《くに》から、中国《ちゅうごく》に伝《つた》わってきた。

（麦《むぎ》のなりたちは、154ページを見《み》てね。）

かきじゅん

一　丆　丌　亚　平　来　来

7かく

ことばのれい

来月《らいげつ》・来年《らいねん》・来日《らいにち》・往来《おうらい》・未来《みらい》・以来《いらい》・元来《がんらい》・古来《こらい》

くんよみ　さと

里

おんよみ　リ

むかしのかん字

はやわかり　となえことば

田《た》と土《つち》で 田《た》んぼを まもる 里《さと》のもじ

なりたち

里《さと・り》は、田《た》と土《つち》とを組《く》みあわせたかたち。

田《た》は田《た》んぼで、土《つち》は、土地《とち》のまもり神《がみ》。

だから、里《さと》という字《じ》のもともとのいみは、「土《と》地《ち》の神《かみ》にまもられた田《た》んぼ」。その田《た》んぼのあるむらを「さと」というようになった。

かきじゅん　7かく

丨 冂 日 日 甲 甲 里

ことばのれい

里山《さとやま》・里帰《さとがえ》り・人里《ひとざと》・山里《やまざと》・郷里《きょうり》

理

くんよみ

おんよみ　リ

むかしのかん字

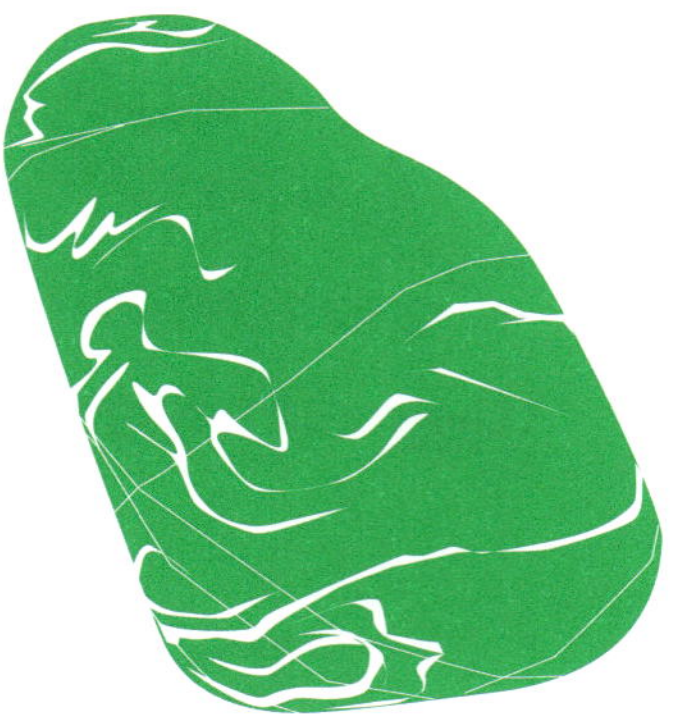

はやわかり　となえことば

うつくしい
ほうせきの
もよう
理科《りか》の理《り》だ

なりたち

理《り》は、王（おうへん）と里《り》とにわけられるよ。王（おうへん）は、宝石《ほうせき》の玉《ぎょく》をあらわしている。里《り》は、ここでは、きちんとしたもようをあらわすかたち。玉《たま》（宝玉《ほうぎょく》）をみがくと、そこに、すじになったもようがあらわれる。それを理《り》といった。

すじめやもよう、「すじみち」のいみにつかわれる。

かきじゅん　11かく

ことばのれい

理科《りか》・理由《りゆう》・理解《りかい》・理想《りそう》・心理《しんり》・料理《りょうり》・物理《ぶつり》・義理《ぎり》・修理《しゅうり》・大理石《だいりせき》

くんよみ

話

はなし
はな-す

おんよみ

ワ

はやわかり　となえことば

**その話《はなし》
人《ひと》を
きずつけて
いないか
きをつけよう**

むかしのかん字

なりたち

話《はなし・ワ》は、もともとは、わる口《ぐち》や、あいてを攻撃《こうげき》するように話《はな》すことをあらわしていた。

話《ワ》は、言（ごんべん）と舌《カツ》とにわけられる字《じ》。

舌《カツ》は、いのりのことばを入《い》れたうつわ（口＝𠙵《サイ》）のふたを、ナイフでけずっているかたち。いのりのききめをなくすためだ。

かきじゅん

13かく

、 亠 亠 亠 言 言 言 言 訁 訂 話 話 話

ことばのれい

長話《ながばなし》・話《はな》し方《かた》・話題《わだい》・会話《かいわ》・電話《でんわ》・対話《たいわ》・民話《みんわ》

おん・くん　さくいん

★しりたいかん字《じ》のページを、ここでしらべることができます。
★すう字《じ》は、そのかん字《じ》がのっているページです。
★ひらがなは「くんよみ」、カタカナは「おんよみ」です。
★たとえば「あ・う」というように、せんがあるものは、せんのうしろが「おくりがな」です。
★（　）にかいてあるものは、小学校《しょうがっこう》ではならわないよみです。

あ

あいだ　間……33
あ・う　会……26
あ・う　合……67
あか・るい　明……171
あき　秋……91
あき・らか　明……171
あ・ける　明……171
あさ　朝……129
あたま　頭……141
あたら・しい　新……100
あ・たる　当……138
あと　後……56
あに　兄……47
あね　姉……81
あゆ・む　歩……162
あら・た　新……100
ある・く　歩……162

い

い・う　言……51
いえ　家……22
（い・かす）　活……32
い・く　行……64
いけ　池……123
いち　市……79
いま　今……71
いもうと　妹……169
いろ　色……97
いわ　岩……35
イン　引……14

う

（ウ）　羽……15
うお　魚……42
うし　牛……41
うし・ろ　後……56

え

お

か

き

く

け

こ

た

タ 多……118
タ 太……119
タイ 太……119
タイ 体……120
タイ 台……121
ダイ 台……121
ダイ 弟……132
たか・い 高……65
ただ・ちに 直……130
たに 谷……68
たの・しい 楽……31
た・べる 食……98

ち

チ 地……122
チ 池……123
チ 知……124
ちか・い 近……46
ちち 父……157
チャ 茶……125
チュウ 昼……126
チョウ 長……127
チョウ 鳥……128
チョウ 朝……129
チョク 直……130

つ

ツウ 通……131
つく・る 作……76
つの 角……30
つよ・い 強……44

て

(テイ) 弟……132
てら 寺……84
テン 店……133
テン 点……134
デン 電……135

と

ト 図……102
と 戸……53
トウ 刀……136
トウ 冬……137
トウ 当……138
トウ 東……139
トウ 答……140
トウ 頭……141
トウ 読……144
ドウ 同……142
ドウ 道……143
とお・い 遠……18
とお・る 通……131
とき 時……86
トク 読……144
ドク 読……144
と・まる 止……78
とも 友……177
とり 鳥……128

な

ナイ 内……148
なお・す 直……130
なが・い 長……127
なか・ば 半……155
な・く 鳴……172
なつ 夏……21

むかしのかん字《じ》（二年生《にねんせい》の160字《じ》）

うすい色《いろ》で、いまのかん字《じ》が入《はい》っているところは、白川博士《しらかわはかせ》の字書《じしょ》にむかしのかん字《じ》がない文字《もじ》です。

公 原 教 記
広 戸 近 帰
交 古 兄 弓
光 午 形 牛
考 後 計 魚
行 語 元 京
高 工 言 強

弱　思　細　黄
首　紙　作　合
秋　寺　算　谷
週　自　止　国
春　時　市　黒
書　室　矢　今
少　社　姉　才

体　船　数　場

台　線　西　色

地　前　声　食

池　組　星　心

知　走　晴　新

茶　多　切　親

昼　太　雪　図

馬
頭
点
長
売
同
電
鳥
買
道
刀
朝
麦
読
冬
直
半
内
当
通
番
南
東
弟
父
肉
答
答
店
店

風

分

聞

米

歩

母

方

北

毎

妹

万

明

鳴

毛

門

夜

野

友

用

曜

曜

来

里

理

話

おとなの方へ

☆この本には、小学校学習指導要領（国語）にもとづく2年生の配当漢字160字がおさめられています。
☆配当漢字表とおなじ、音読みのアイウエオ順に配列した構成となっています。
☆本書の「むかしのかん字」は、白川静『新訂 字統』（平凡社）を参考に金子都美絵がかきおこしたものです。甲骨文字・金文を中心に、絵から楷書へのつながりが理解しやすいものを選んでいます。
☆古代文字の資料が白川字書にない文字については、「むかしのかん字」は空欄になっています。
☆大きな見出し字についている訓読み・音読みのうち、（　）内は中学校以上でならう読み方です。
☆部首の分類方法は、辞書や教科書によって少しずつ異なります。また、部首名についても、たとえば、⻍は「しんにゅう」「しんにょう」、攵は「ぼくにょう」「のぶん」「むちづくり」、行は「ぎょうがまえ」「ゆきがまえ」など、いくつかの呼び名が使われているものがあります。
☆この改訂版では、新学習指導要領で加わった読みを加えました。また、コラムの一部を新しくするとともに、用例や解説の一部に、より楽しく深くわかるための工夫を加えました。

シリーズ主要参考文献
白川静『新訂 字統』『字通』『常用字解』（平凡社）
宮下久夫・篠崎五六・伊東信夫・浅川満「漢字がたのしくなる本」シリーズ（太郎次郎社エディタス）

☆著者紹介

伊東信夫……いとう・しのぶ

漢字研究家、教育実践者。一九二六年、山形県生まれ。
一九四七年から九一年まで、長く教職にたずさわる。
六〇年代より、研究者と教師の共同研究をもとに、
「漢字」「かな文字」学習の体系化をはじめとする実践的方法論を探究。
つねに子どものまえに立ち、多くの教材を創案してきた。
八〇年代後半より白川文字学に学び、また直接教えを受け、
通時性をもつ豊かな漢字の世界を伝えるために研究をつづける。
著書に『成り立ちで知る 漢字のおもしろ世界』全七巻（スリーエーネットワーク）、
『あいうえおあそび』上下巻、「漢字がたのしくなる本」全シリーズ（共著）、
『漢字はみんな、カルタで学べる』（以上、小社刊）などがある。

金子都美絵……かねこ・つみえ

イラストレーター。民話や神話を題材にした絵画作品を数多く制作。

二〇〇〇年頃より白川静氏に私淑し、古代の漢字世界を描きはじめる。

影絵的な手法で「文字の場面」を表現する独自のスタイルを確立。代表作として
『[白川静の絵本]サイのものがたり』『[白川静の絵本]死者の書』（以上、平凡社）、

『絵で読む漢字のなりたち』『[文字場面集]一字一絵』（以上、小社刊）がある。

書籍・教具の絵の仕事に『漢字がたのしくなる本』（テキスト）全六巻、

『新版 101漢字カルタ』『新版 98部首カルタ』（以上、小社刊）など。

白川静文字学に学ぶ
漢字なりたちブック 2年生［改訂版］

二〇一八年十月十日　初版発行
二〇二四年八月十日　第七刷発行

著者　伊東信夫
絵　金子都美絵
デザイン　後藤葉子
発行所　株式会社　太郎次郎社エディタス
東京都文京区本郷三-四-三-八階
電話　〇三（三八一五）〇六〇五　ファックス　〇三（三八一五）〇六九八
http://www.tarojiro.co.jp/　電子メール　tarojiro@tarojiro.co.jp
編集担当　北山理子
組版　滝澤博（四幻社）
印刷・製本　精興社
定価　カバーに表示してあります

ISBN978-4-8118-0572-6 C6081

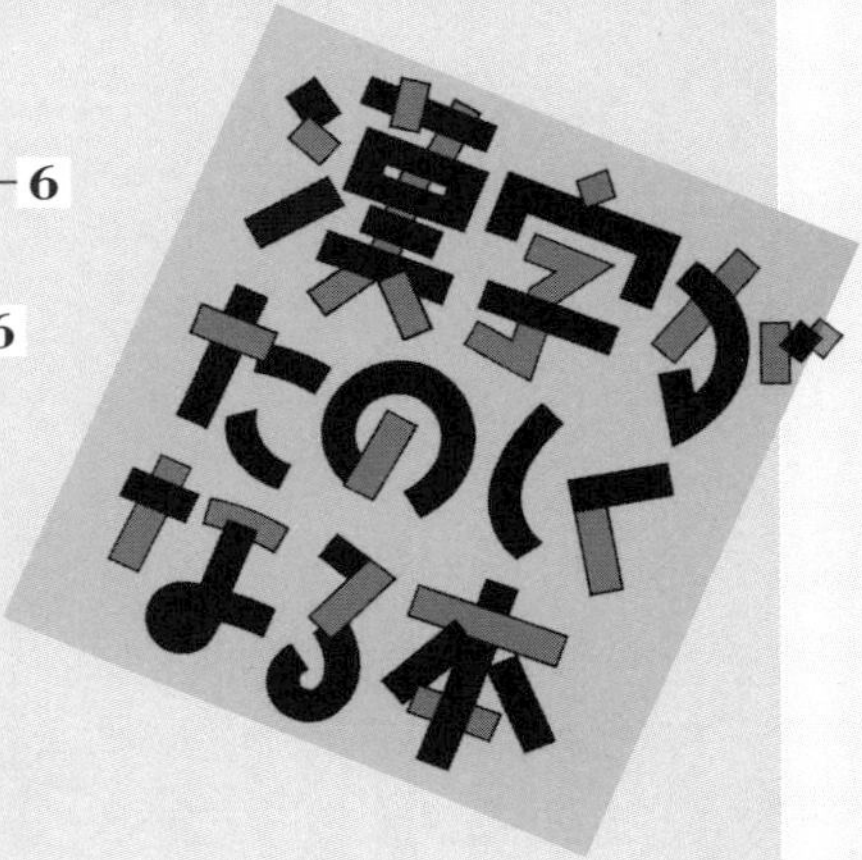
漢字がたのしくなる本

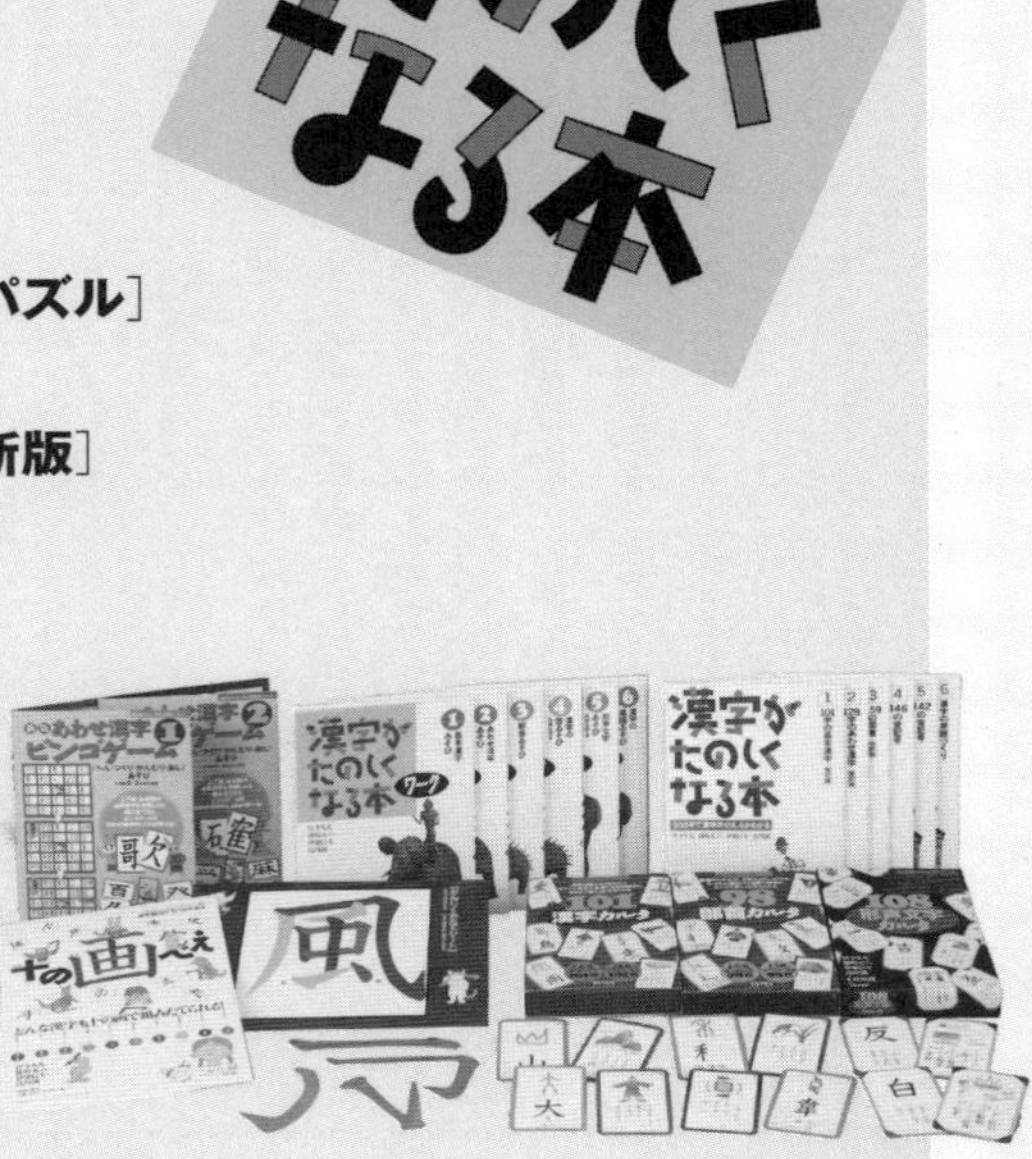
漢字がたのしくなる本
ビンゴゲーム
十の画べえ